KB053952

언어 전쟁

언어 전쟁에서 어어

글

정형철
박권일
고영직
엄문희
김동현
이택광
전성태
정은균
황규관

삶창

1.

미디어의 폭발적인 증가로 우리는 날이면 날마다 거의 빅뱅 수준의 기사를 접하고 있다. 하나의 사안에 정반대의 입장과 관점이 드러나기도 하고, 여러 사안에 동일한 해석이 반복되기도 한다. 누구나 자신의 선 자리에서 사건을 받아들일 수밖에 없음을 감안한다면 이런 현상 자체가 딱히 기이하다고 볼 수 없다. '다른' 해석과 입장은 우리의 사고를 폭넓게 해주고, 자신이 빠진 도그마에 드리워진 동아줄이 될 수 있기 때문이다. 그래서 의견이 다른 상대방과 대화를 나누고 토론을 하는 것이 미덕으로 권유되어왔다.

하지만 언제부터인가 각기 다른 해석과 입장을 불편해하고 심지어는 서로 적대시하는 문화가 나타나기 시작했다. 이런 문화의 기원을 탐색하는 일은 많은 시간과 공부를 필요로 하는 일이지만, 벌어지고 있는 현상은 우리 사회에 치명적인 결과를 야기하고 있는 듯하다. 지금도 말의 난타전은, 소셜 미디어를 중심으로 펼쳐지고 있는 것처럼 보인다. 인터넷 포털사이트의 댓글창을 통해 험한 말들이 오고 가는 일은 이제 너무도 자연스러운 현상이 되었다.

문제는 이런 말들을 통해 공동체에 상처를 남기는 일에 일부 지식인들도 동참하고 있다는 사실인데, 아이러니하게도 그 지식인들이 내세우는 척도가 공통적으로 공정과 정의이다. 그런데 비판을 받는 상대방도 공정과 정의를 방패 또는 창으로 삼고 있다는 점이 눈에 띈다. 그래서 공정과 정의 대 공정과 정의가 표면적으로는 소셜미디어든 언론이든 쏟아내는 언어의 전부가 된 감이 없지 않다. 한 사람의 정신과 관념을 통해 구성되는 것이 언어라면, 언어를 통해 공동체 전체의 정신과 관념을 유추해보는 것도 그리 크게 어긋나는 접근은 아닐 것이다. 물론 개인과 공동체를 같은 층위에 둘 수 있는 것인가, 하는 지적은 있을 수 있지만 전혀 동떨어진 차원에 개인과 공동체라는 개념이 서 있는 것은 아닐 것이다.

　우리는 언어를 통해 사고를 깊게 하고 또 확장하며, 신호를 주고받고 공동체에 필요한 특정한 기호체계의 얼개를 만든다. 역사적으로 언어가 모든 구성원에게 평등하게 주어져본 적은 없지만, 근대의 공교육을 통해서 말하고 쓰는 차원의 평등을 확보한 것은 사실이다. 하지만 언어의 평등이 단순하게 말하고 쓰는 차원에서 최종적으로 완성되는 것은 아니며, 이 평등이라는 범주는 언어를 실질적으로 작동시키는 권력관계를 은폐하기도 한다. 외형상 평등과 실질적 불평등

사이의 괴리와 간극은 국가권력과 민중 사이를 더 크게 벌려놓고, 디지털 기술 문명으로 인해 심하게 일그러지고 있는 것은 아닌가 하는 의심을 거둘 수 없을 지경이다.

간단히 말하면 지금은 국가의 언어가 민중의 언어를 유린하고, 상품의 언어가 삶의 언어를 황폐화하며, 기술의 언어가 시의 언어를 타락시키는 차원을 넘어 언어 자체가 상품이 되어 우리의 정신과 내면을 좀먹고 있는 것만 같다. 여기에 공정과 정의의 척도마저 각자도생의 길에 접어듦으로써 개인의 영혼까지 위험하게 된 것은 아닌가 하는 위기감도 든다. 우리는 이런 현상을 '언어 전쟁'이라고 명명하고 몇 분의 필자에게 부탁해, 각자의 입장에서 이런 현상의 원인을 짚어 달라 부탁드렸다.

2.

정형철과 황규관은 이런 현상의 배후에 디지털 기술 문명이 있다는 의견을 내놨다. 근대 산업 사회가 언어로 조직되었으며 그 언어는 전문가들이 독점해왔고, 지금은 그 역할을 디지털 미디어가 수행하고 있다는 정형철의 지적과 디지털 미디어에 작용하고 있는 인공지능 알고리즘에 전통 미디어가 종속되었으며, 이것을 촉진하고 있는 것이 소셜미디어라는 황규관의 진단은 이어져 있는 것처럼 보인다. 정형철은 그것에 맞서 신비로 가득 차 있는 삶의 언어를 회복하자고 말하고, 황규관은 테크놀로지의 꽁무니를 따라다니지 않는 '시적 언어'를 회복해야 한다고 말한다.

'시의 언어'를 말하는 것은 고영직도 마찬가지이지만, 고영직은 '시의 언어'를 '행정의 언어'와 대비시킨다. 그에 의하면, '행정의 언어'가 '시의 언어'를 대체해가는 현실을 비판하면서 이런 사회가 좋은 사회일 리가 없다고 단언한다. 그러면서 그는 다시 "코로나19 이후 우리 시가 일상의 혁명을 꾀하"는 역할을 맡으면서 '좋은 언어'를 더 생산해야 한다는 능동적인 주장을 내놓는다. 그런데 '행정의 언어'는 연성화된 국가의 언어와 다름이 없다. 국가의 본질 자체가 폭력에 있음을 일깨워주는 역사적 사례는 많지만, 이 책에서는 엄문희와 김동현의 글을 주목할 필요가 있다. 두 사람은 최근 국가 폭력이 지속적으로 행사되고 있는 제주도 주민의 입장에서 국가의 폭력적인 언어를 비판하고 있다.

엄문희는 국민과 비국민으로 나누는 국가의 논리가 거주자를 주민과 주민 아님으로 나누는 바탕이 된다고 비판하면서, 이것은 마을이 국가에 의해 숙청되면서 벌어진 민주주의의 퇴행 때문에 벌어지는 현상이라고 읽는다. 국가의 마을 숙청은 강정해군기지 같은 국가 시책이나 개발사업을 통해 이루어지는데, 그 현상을 필자 자신의 경험을 통해 생생하게 들려주고 있다. 김동현도 강정해군기지를 둘러싸고 벌어진 국가 언어의 '향연' 속에서 무기력과 냉소의 언어 말고 지역의 언어, 시의 언어를 말하자고 역설한다. 국가의 언어에 동일화되지 않는 다른 언어는 국가/서울의 언어와 결별함으로써 비로소 가능하다고 말한다. 이 둘은 현재 개발의 광풍에 나날이 파괴되고 있는 현지에서 보내온 언어라고 말할 수 있을 것이다.

박권일은 사회학적 층위에서 발화, 수용되는 언어 현상을 다루고 있다. 그는 소셜미디어 등 뉴미디어를 통해 전파되는 언어가 수용되는 양상을 '알기 싫음' 현상으로 분석한다. '알기 싫음' 현상이 사태에 대한 진실보다는 선호를 부추기면서 이 선호에 따라 '부족화' 현상이 일어난다고 주장한다. 나아가 뉴미디어를 통한 언어는 전통 미디어의 시대와는 다르게 '주목 경쟁'을 펼치며 이때 '주목'은 하나의 사업 아이템으로 정착되는데, 가장 손쉬운 방법으로 혐오를 채택한다고 비판하고 있다. 혐오 비즈니스가 이러한 바탕과 과정을 갖는다는 그의 비판은 상당히 시의적절하다. 이택광은 정치 언어, 정확히 말하면 오늘날 '386세대' 불리는 정치 집단의 언어 타락을 겨냥하고 있다. 이택광은 고^故 노무현 전 대통령의 죽음 이후 386세대의 운동 이력이 정치적 상징 자본으로 전환되었다고 짚으면서, 이 자가당착을 극복하기 위한 정의와 공정이라는 언어가 그들의 정치적 자산으로 활용되고 있으며, 이 언어들은 급진적인 것처럼 보이지만 도리어 자기합리화에 동원되고 있다고 본다.

교사 정은균과 소설가 전성태의 관점은 언어를 조금 인류학적으로 접근하는 예에 해당된다. 먼저 정은균은, 청소년들에 의해 폭넓게 사용되다 이제는 사회적으로 무리 없이 쓰이는 '헐'과 '샘' 등 이른바 '급식체'에 대한 경험을 통해 이런 언어들이 등장하게 된 사회적 배경에 먼저 주목하자고 말하고 있다. 정은균에게 급식체는 하층 언어이면서 우정과 연대의 언어이다. 언어라는 것이 생활양식에 의해 변화되는 것이라면 급식체도 부정적으로 볼 수 없다는 그의 견해는 추후 토론이 더 필요할 만큼 예민하고 현재진행형이다. 전성태는 사라져가는 방언에 주목하면서 한국문학 작품에 등장하는 구어들을 통해 방언이 농경사회의 언어인 점을 밝힌다. 하지만 농경사회가 해체된 지금은 방언마저도 위태로워졌으며,

방언의 상상력을 위해서는 작가들의 강도 높은 의식이 요구된다고 말한다. 방언에 대한 전성태의 문제의식은 김동현이 제주의 정치적 환경에서 강조했던 지역 언어의 강조와 맥락이 이어진다.

3.

이렇듯 이 책에서 다루고 있는 각자의 언어에 대한 문제의식은 직접적으로 겹쳐지거나 희미하게 이어지며 때로는 수렴되고 때로는 발산하면서 우리가 처한 언어 환경을 이해하는 데 어떤 종합을 (무의식적으로) 이루고 있다. 이 책에 참여하고 있는 필자들에게 언어가 중요한 것은, 단지 인간은 언어를 사용하는 동물이라는 형이상학적 차원의 문제 때문이 아니라 우리의 삶과 공동체에 끼치는 언어의 영향력이 현재 압도적이기 때문이다. 언어의 모델은 꿈꾸거나 인위적으로 구축될 수 없다. 언어야말로 어느 시인의 말대로 민중의 생활에서 생성하기 때문이다. 하지만 현재 언어는 (국가나 자본 같은) 권력이 강요하는 언어를 소비자가 수용, 변형하면서 만들어지는 것처럼 보인다. 한편으로 언어는 어느새 상징 자본을 넘어 상품이 되고 말았다. 이제 언어가 상품이 되었거나 상품이 되는 입구로 접어들었다면, 우리는 언어가 돌이킬 수 없는 상태에 빠진 현실을 살고 있는 셈이다.

제아무리 이미지와 영상의 시대라고 해도 우리에게 그것들은 언어로 번역, 이해되기에 도리어 언어의 중요성은 부각된다고 말할 수 있다. 과거에는 언어 자체에 대해 고민하고 투쟁하면 될 일을 이제는 이미지와 영상이 생산, 수용되는 전 과정을 언어적 맥락에서 인식해야 하기 때문이다. 예를 들면 즉각적으로 영상 이미지로 접해지는 유튜브도 결국 수용의 최종 단계에서는 언어로 남는다는 것을 봐도 알 수 있다. 유튜브도 어쩔 수 없이 언어를 기반으로 하고 있다는 점은 명확하다. 그렇다면 앞으로 우리에게 주어진 과제는 언어의 퇴행과 끊임없이 긴장하고 투쟁하는 일일 것이다. 이제 이것은 문학만의 문제가 아니게 되었다. 혹자들의 말처럼 이것은 시의 문제일지도 모르지만, 그런 궁극적인 차원의 문제는 그것대로 놔두고 일상의 차원에서 인식하고 실천하는 문제 또한 깊이 고민해야 할 것이다. 조지 오웰의 말대로 "생각이 언어를 타락시킨다면 언어도 생각을 타락시킬 수 있다"는 것이다. 그런데 생각의 타락이 곧바로 현실의 타락을 촉진하는 환경에서 우리가 살고 있다는 데 문제의 심각성이 있다.

지금도 뉴스를 빙자한 '쓰레기 언어'들이 부단히 생산되고
있지 않은가!

— 기획에 도움을 준 여러 분들을 대신해서 삶창 편집부

차
례

기술전체주의와
언어의 타락

1

정
형
철

언어 전쟁

세계를 절단하고 황폐화시키는 데 사용되었던 언어를
그대로 사용해서 세계의 구원을 그릴 수는 없는 것이다.[1]

　지난 몇 년간 나는, 급격한 기술 발전이 가져온 인간 사회
의 극심한 붕괴 조짐에 대해 깊이 들여다보려 애썼다. 과학
기술 분야와는 거리가 먼, 소위 비전문가이지만 급진적 기술
문명으로 인해 점점 황폐해지는 우리의 모습을 더 이상 바라
만 보고 있을 수 없다는 생각에 이 문제에 집중적으로 매달
렸다. 하지만 이 과정에서 내가 얻은 결론은, 한도를 모르고
치닫는 기술문명의 무한 질주를 막아낼 방도가 지금으로서
는 뾰족이 보이지 않는다는 것이다. 기술이 인간의 삶을 압
도하고 거대한 지배 시스템으로 군림하는 기술전체주의에
대한 우리의 무감각과 안일함이 개선되지 않고서는 이 문제
를 해결할 길은 없다.

1 　웬델 베리, 『삶은 기적이다』, 박경미 옮김, 녹색평론사, 2006.

산업사회에서 기술의 발전은 자본의 팽창과 그 궤를 같이 해왔다. 자본의 힘을 등에 업은 기술문명이 인간 사회를 지배하는 지위에 올라선 것은 이미 지난 세기의 일이다. 이러한 지배적인 기술이 만들어낸 20세기 산업문명의 결과는 재앙에 가깝다. 자연은 돌이킬 수 없이 파괴되었고 자원은 고갈 상태에 이르렀다. 물신주의와 소비주의가 삼켜버린 사회에서 인간은 점점 왜소하고 비천한 존재로 전락했다. 물질적 부는 상상을 초월할 만큼 늘어났지만 극소수의 부자들이 독차지했다. 풍요가 넘쳐나는데도 빈곤으로 신음하는 사람들은 사라지지 않았다. 불평등과 격차는 오히려 갈수록 깊어졌다.

이 같은 산업문명의 폐해는 이제는 '핵발전소 사고'나 '기후 위기'와 같은 인류 공멸의 징후로 더욱 심각하게 이어지고 있다. 위험의 수준이 국지적인 경계를 넘어서 전 지구적으로 확대되었고 생태계가 감당할 임계점을 넘어섰음에도 이에 대한 인류 사회의 대응은 여전히 미약하기만 하다. 더 걱정스러운 것은 이전과는 비교할 수 없을 정도로 훨씬 더 가공할 만한 첨단 기술이 그 어떤 제어도 받지 않고 폭주하고 있다는 점이다. 인공지능이나 생명공학 분야의 근래 첨단 기술은, 기술이 더 이상 인간의 삶을 위한 수단이나 도구에 머물지 않고 인간의 삶과 운명을 제멋대로 유린하는 데까지

나아가고 있음을 보여주는 뚜렷한 사례라 할 수 있다.

산업기술이 가져온 심각한 폐해는 자연과 인간의 생태계를 궤멸하는 데에만 있는 것이 아니다. 인류는 근대 산업사회 이전까지 오랜 시간 이어온 토착적인 삶의 방식을 거의 대부분 잃어버렸다. 자연에 적응하면서 자신들의 땅에 뿌리를 내리고 살아온 사람들의 자연스러운 삶의 양식은 산업사회와 기술문명의 등장으로 순식간에 해체되었다. 근대화라는 이름으로 이루어진 풀뿌리공동체의 파괴는 시공을 초월하여 전 세계적인 현상이 되었다. 온 세계가 이 같은 근대 산업국가의 건설에 미친 듯이 매달렸다. 이 과정에서 삶의 뿌리를 통째로 잃은 사람들은 대부분 거대도시의 난민으로 전락했다. 산업사회의 표준화된 계획에 따라 토착적 삶의 방식은 개조되어야 할 대상이 되었다. 인간과 사회를 기계적으로 개조해나가기 시작하면서 인류의 삶의 양식과 문화는 이전과는 전혀 다른 모습으로 바뀌었다. 이 시기에 이러한 근대 산업문명의 본질을 가장 잘 드러내는 새로운 근대적 언어가 등장하게 되는데, 그것은 바로 '개발'과 '발전'이라는 말이다.

근대 산업사회와 언어의 상품화

개발이나 발전이라는 말처럼 이전에는 없던 새로운 말이 생겨난 것은 전적으로 산업사회의 필요에 의해서이다. 개발과 발전은 토착적 삶의 방식을 해체하여 새로운 산업 체제에 종속시키는 과정이다. 근대화라는 것이 본질적으로, 자급자족적이고 토착적인 공동체를 해체하는 과정을 통해 이루어지는 것이라고 할 때, 개발과 발전이라는 말은 이러한 근대화 과정을 가장 정확히 드러내는 개념이라 할 수 있다. 그런 점에서 개발이나 발전이라는 말이 존재하지 않고서 근대 산업사회가 형성되는 것은 불가능한 일이다. 실제로 국가 건설과 개발에 전 세계가 몰입하던 20세기 중반쯤에는, 개발이나 발전이라는 말이 그 시기 가장 보편적인 세계 공통어가 되었다. 개발과 발전의 정도에 따라 국가의 지위가 결정되었으며, 토착적이고 원형적인 삶을 유지하고 있던 공동체는 모두 미개한 곳으로 낙인찍혔다.

이처럼 근대 산업문명의 탄생 과정에서 언어의 역할은 절대적이었다. 이반 일리치는 『그림자 노동』에서, 서양의 근대화란 표준어가 토착어를 길들이고 식민지화하는 과정으로 간파했다. 여기서 일리치가 말하고 있는 표준어란, 규격화된 공정에 의해 생산된 상품처럼 산업사회에 맞게 표준화된 언어 체계를 가리킨다. 산업사회에서 살아가는 우리들은 그 이전의 사람들이 부모와 공동체로부터 물려받은 자연스러운 언어, 즉 토박이말과는 완전히 다른 종류의 언어를 전문가(교사)에 의해 교육받는다. 토박이말은 자신이 살고 있는 공동체 안에서 다양한 형태의 교류를 거쳐 자연스럽게 익히는 말이다. 반면 표준어는 교사라는 전문가에 의해 규격화된 언어 체계에 맞게 교육받아야 하는 말이다. 토박이말이 실제 사용을 통해 전해지고 말하는 사람이나 듣는 사람이 일상생활의 맥락에서 서로 배우는 언어라면, 표준어는 전문가가 교육적 의도를 갖고 '가르치는 언어(교습된 언어)'이다. 일리치는 토박이말과 대립되는 '가르치는 언어'의 등장을 근대 산업사회 출현을 예고하는 가장 중요한 사건으로 보았다.

> 토박이말을 버리고 공식적으로 가르치는 모어로 전환한 것은 상품집약적 사회의 도래를 예고하는 가장 중요한 사건—그러나 가장 연구가 덜된 사건—인지도 모른다. 토박이말로부터 가르치는 언어로의 근본적인 변화는 모유에서 분유로, 자급자족에서 복지로, 사용가치를 위한 생산에서 시장가치를 위한 생산으로의 전환을 예고하는 것이었다.[2]

서구 근대국가의 탄생은 언어를 표준화함으로써 사회의 중심이 종교(교회)에서 국가로 이동하게 되는 과정과 맞물려 있다. 일리치는 15세기 스페인의 문법학자 안토니오 데 네브리하의 사례에 주목했다. 네브리하는 스페인 여왕에게 간청하여 백성들이 사용하는 엉성하고 제멋대로인 토박이말을 표준화된 인공어로 바꿀 것을 제안한다. 네브리하가 제안한 표준화된 인공어는 "만인의 통치자 아래에서 관료, 군인, 상인, 농민이 모두 하나의 언어를 말하고, 또 가난한 자들도 이해하고 따를 수 있는 언어를 사용하는 그런 사회"를 만드는 데 결정적인 역할을 한다. "사실상 네브리하는 자급자족과 싸울 준비를 하고 있는 새 국가에게 선전포고문을 작성해준 셈이었다. 토박이말을 '가르치는 모어'로 대체하는 것이 그것이었고, 이것이야말로 보통교육의 요소를 최초로 고안한 사건이었다"고 일리치는 말한다.

　인류 역사의 대부분은 '가르치는 언어'가 아니라 토박이말을 널리 사용했다. 이는 동서양을 막론하고 공통된 역사적 사실이다. 근대 이전에도 '가르치는 언어'가 부분적으로 사

2　이반 일리치, 『그림자 노동』 노승영 옮김, 사월의책, 2015.

언어 전쟁

용되었지만 이는 특권을 누리고 대물림하려는 지배층 일부에 한정된 현상이었다. 그러나 근대국가의 출범 이후 그 체제 아래에 있는 대부분의 사람들은 근대국가의 시민이 되기 위한 근대적 교육을 의무적으로 받아야 했다. 근대적 교육이란 토박이말을 버리고 '가르치는 언어'를 통해 근대적 사고를 내면화하는 과정이다.

'가르치는 언어'를 배우기 위해서는 전문가에게 일정한 대가를 지불해야만 한다. 토박이말처럼 언어를 배우는 것이 부모나 공동체에서 자연스럽게 일어나는 삶의 한 과정이 아니라, 교육이라는 이름의 상품을 구매하고 대가를 지불하는 방식으로 변화한 것이다. 토박이말이 '가르치는 언어'로 대체된 현상은 결국 언어가 상품이 되었음을 뜻한다. 언어가 상품이 되었다는 사실은 획기적 사건임에 분명하다. 언어의 상품화야말로 근대국가와 시민의 탄생에 결정적 동인이 되었다. 이는 언어를 매개로 하는 근대 교육이 처음부터 근대의 상품 생산과 소비, 서비스 과정에 편입되어 출발했음을 의미한다. 그런 의미에서 보면 교육의 시장화는 우리가 생각한 것보다 훨씬 오래된 기원을 갖고 있다고 볼 수 있다.

토박이말을 내쫓고 '가르치는 언어'가 등장한 근대의 시작 이래 한참 멀리 와 있는 지금의 우리들은, 개발 시대 이전에 태어난 세대를 제외하고는 토박이말을 익히거나 배울 기회를 원천적으로 잃어버렸다. 토박이말에 익숙했던 사람들조차 토박이말을 사용할 수 없는 인공적 환경에 적응하면서 토박이말 구사 능력이 현저히 퇴화했다. 토박이말이 무엇이고 '가르치는 언어'가 어떻게 다른지 구분조차 할 수 없다. 사투리에 여전히 남아 있는 억양이나 몇몇 단어가 토박이말이라고 착각해서도 안 된다. 뿌리 내릴 땅이 없는데 토박이말이 살아남을 수는 없는 일이다. 나무만이 뿌리 내릴 땅이 필요한 것은 아니다. 사람도 말도 뿌리 내릴 땅이 있어야 한다. 그런 의미에서 현재 우리들이 사는 공간은 사람이 서로 교류하며 뿌리를 내리는 곳이 아니다. 기계적 시스템에 의해 설계된 공학적 공간 속에서, 우리는 살아가는 것이 아니라 그 자리에 단지 놓여 있는 것인지도 모른다.

전문가들이 지배한 사회의 언어

앞서 근대 산업사회 형성기에 '가르치는 언어'가 토박이말을 대신해 보편의 언어로 자리 잡게 된 배경을 살펴본 것은 언어의 근본적인 변화가 사회체제에 지대한 영향을 미친다는 사실을 환기하기 위함이다. 또한 어떤 맥락에서 토착적 언어가 전문가적이고 기술적인 언어로 대체되었는지 살펴보기 위해서였다.

일리치는 20세기를 "인간을 불구화하는 전문가 시대"라 명명했다. 그는 이 시대를, "대중들은 여러 '문제'를 가지고 있고, 전문가들은 '해결책'을 소유하고 있으며, 과학자들은 '능력'이나 '필요'와 같이 잴 수 없는 것들을 측정하려고 한 시대"[3]로 해석했다. 여기서 일리치가 말하는 전문가들이란, 인간의 필요에 대한 통제권을 장악하고 대중을 상품과 시장 의존적 사회에 예속시키는 전문적 제도의 대리인을 뜻한다. 산업사회에 접어들면서 사회는 하나의 거대 기계(루이스 멈퍼드)로 조직되어 돌아가기 시작했다. 생산 현장에서 상품을 찍어내는 기계만이 기계가 아니다. 산업사회 그 자체가 하나의 거대 기계 시스템이었다. 산업사회에 적응하기 위해서는 거대 기계 사회의 구성원인 대중 스스로도 기계화되어야 했다. 하지만 새로운 사회의 시스템에 대중은 무지했고 준비되지 않았으며 아무것도 갖추지 못한 프롤레타리아였다. 이들은

---

3 이반 일리치 외, 『전문가들의 사회』, 신수열 옮김, 사월의책, 2015.

산업사회의 작동 원리에 맞게 개조될 필요가 있었다. 그러기 위해서는 이들을 개조할 만한 해법을 지닌 전문가들이 필요했던 것이다.

전문가들은 이들에게 대가를 받고 문제를 해결해주는 특권을 누린다. 대중은 이들의 강력한 영향력에 지배받게 된다. 전문가들은 기존에 존재하지 않았던 '필요'를 생산해내고 이러한 '필요'를 대중에게 설득력 있게 강요하는 역할을 담당한다. 마치 그 '필요'가 없으면 큰일이나 날 것처럼 떠들어대며 '필요'에 의해 만들어진 유무형의 상품을 팔아치운다. 일리치가 비판했던 시기(1977년)의 전문가들은 주로 교사, 의사, 법률가, 과학자 등이었지만, 지금은 너나 나나 할 것 없이 모두가 전문가라고 자처하는 세상이 되었다. 물론 이들 모두가 한 사회를 진단하고 처방을 내리는 지배적 전문가 집단이라고는 할 수 없다. 이들 중에는 전문가 시대에 전문가 행세를 흉내 내는 부류도 상당수 포함되어 있다.

여기서 우리가 눈여겨보아야 할 점은, 전문가들이 사용하는 언어의 방식이다. 이들은 원자화된 분야의 미세한 영역을 전문적 영역이라고 말하며 자신들만 아는 용어(언어의 카르텔)로 대중을 철저히 분리시킨다. 전문가들은 대중을 분리시킴과 동시에 현혹해야 하는데, 이러한 과정에서 만들어지는 언어란, 대체로 대중은 스스로 문제를 해결할 능력이 없음을 강조하는 방식을 취한다. 이 점을 분명하게 해야 전문가에 대한 의존성은 상대적으로 높아진다. 학교 바깥에서는 배움을 얻을 수 없다든가, 알아들을 수 없는 전문적인 의학용어 몇 가지를 말하고 처방에 따르라든가, 어려운 법률용어를 이해할 길 없으니 무조건 시키는 대로 하라는 식이다. 최근에는 전문가라 자처하는 사람들이 늘어나면서 전문가 집단 내부의 경쟁이 치열해졌고, 그 결과 소비 대중의 구미에 맞게 전문가들의 태도가 예전보다 덜 권위적인 방향으로 바뀌었다. 하지만 그렇다고 해도 대중의 결핍을 이용하여 자신들을 필요하게 만드는 전문가 집단의 권력화는 더 강고해졌다. 산업사회가 고도화될수록 일반 대중은 생활에 필요한 기술이나 해결책을 모두 전문가에게 내맡기는 신세로 전락해간다.

대표적 전문가 집단인 교육가들의 사례를 보면, 산업사회에서 전문가들의 언어가 어떻게 통용되는지 명확히 알 수 있다. 오늘날 우리 교육은 이미 거대한 소비사회에 종속되어 있다. 대학 교육은 이미 자진해서 '학문'을 버리고 '영업'을 시작한 지 오래다. 캠퍼스에 나부끼는 온갖 현란한 광고 현수막들만 보아도 대학이 배움과 학문을 추구하는 공간이라는 사실은 전혀 실감할 수 없다. 직업교육 양성소가 된 지 오

정형철
기술전체주의와 언어의 타락

29

래지만 이제는 이를 아무렇지 않게 받아들인다. 오히려 대부분의 대학이 영업 실적을 내세우는 것을 당연하게 여긴다. 산업자본은 거금을 들여 대학에 투자를 하고 대학은 이들 자본의 구미에 맞게 인재를 양성해서 기업에 보낸다. 인재라는 말이나 인적자원이라는 말이 어떠한 의심도 없이 통용된다. 인간을 자원으로 보는 발상은 산업사회 이전에는 존재하지 않았다. 거의 모든 학교가 하나같이 내세우는, '글로벌 인재양성'이라는 슬로건에는 어떠한 배움의 가치도 들어 있지 않다. '글로벌', '인재', '양성'이라는 세 개의 단어 모두 산업사회의 요구를 충실히 반영하고 있는 상업적 개념들이다.

대학의 사례 외에도 학교교육에 들어와 있는 산업사회의 용어들, 즉 상품화한 언어들은 차고 넘친다. 몇 년 전에 혁신학교 교사들이 진행하는 연수에서 강연 부탁을 받은 적이 있었다. 비교적 교육에 대한 고민이 깊은 교사들 앞에서 자유로운 주제로 강연할 수 있는, 특별한 기회라 여겼다. 강연 장소에 도착해서 제일 먼저 눈에 띈 것은 커다란 현수막에 요란한 색으로 적힌 문구였다. "○○지역 혁신학교 교사, 혁신역량 강화 연수"라고 적힌 문구에, 나는 적잖은 충격을 받았다. 혁신이라는 말 자체도 거슬리는데 교사의 혁신 역량을 강화하는 연수라니? 마치 공장의 생산 라인에서 생산성을 높이기 위해 노동자들을 강압하는 구호와 같은 문구를, 새로운 교육을 고민하고자 모인 자리에 걸어놓은 이유가 궁금했다. 하지만 더 놀랐던 것은 그 자리에 모인 어떤 교사도 이 같은 상황에 이의를 제기하지 않았을 뿐만 아니라 나의 문제 제기에 오히려 의아한 반응을 보였다는 점이다. 학교는 온갖 종류의 교육 프로그램으로 넘친다. '교육 인프라'라고 불리는 물적 지원도 크게 늘었다. 하지만 학교에 있는 아이들은 결코 배움이 즐겁지 않다. 아이들의 필요에 의해서가 아니라 교사의 필요에 의해, 배움이 아니라 교육이 이루어지기 때문이다. 제도화된 교육이 배움을 대신한 순간부터 예정된 길이었지만 교육의 시장화는 지금과 같은 학교교육이 존재하는 한 개선될 여지는 없다.

최근 우리 교육계의 화두는 '미래교육'이다. 4차 산업혁명 시대를 대비하여 미래의 교육을 미리 고민하자는 내용이다. 여러 사람이 여러 곳에서 말하고 있지만 내용은 크게 다를 바 없다. 기술의 발전과 이에 따른 교육 환경의 변화에 발 빠르게 대응하기 위해서는 그에 맞는 인재상을 재정립하고 교육 프로그램의 혁신이 필요하다는 것이다. 미래교육의 한 사례로 거론되고 있는 '거꾸로 교육'은 학생들이 교사가 제공하는 교육 콘텐츠를 디지털 기기를 이용해 미리 학습한 다음, 실제 수업에서는 토론이나 질문, 과제 풀이를 하는 방식이다. 교사와 학생의 대면 시간을 대폭 줄이고 디지털기기를 활용한 수업을 대폭 늘리는 것이다. 미래교육에서 교사는 학습 코디네이터coordinator, 조정자나 퍼실리테이터facilitator, 촉진자의 역할만 하고, 교육이라는 말 대신 '코칭coaching'이라는 말을 쓰자는 과감한 주장도 나온다. 하지만 미래교육이 과연 존재할 수 있는 것일까? 우리 삶의 한 치 앞도 내다보기 어려운 현실에서 어떻게 몇십 년 후의 미래를 내다보고 교육을 미리 고민하는 것일까? 아이들을 '쓸모'나 '효용'으로 바라보지 않고서야 어떻게 '미래사회의 새로운 인재상' 운운하며 자신들이 그리는 그림에 아이들을 끼워 넣을 수 있을까? 일리치는, "제도에는 미래가 있지만 사람에게는 미래가 없다"고 말했다. 미래교육을 이야기하는 사람들은, 사람이 아니라 제도를 신봉하는 자들임에 틀림없다.

디지털 미디어와 거짓 언어

미디어의 영향력은 절대적이다. 구술문화에서 문자문화로 전환이 근대의 서막을 열었고 근대사회 이후 비약적으로 발전한 대중매체는 가장 강력한 힘을 지닌 문화적 도구였다. 영상미디어의 등장으로 말과 문자가 아니라 이미지나 영상으로 사고하는 새로운 유형의 인류가 탄생했다.

예전에도 새로운 미디어의 출현은 사회문화적으로 획기적인 변화를 가져온 것은 사실이지만, 최근에 등장한 디지털 미디어만큼 충격적인 경우는 유례를 찾아보기 힘들다. 디지털 미디어는 기존의 미디어 환경을 초토화하고 대중의 삶의 방식 자체를 완전히 새롭게 재편했다. 근대사회 이후 언론 제국이라고 부를 만큼 막강한 영향력을 행사하고 있던 세계적 주류 언론조차 존립의 문제를 고민할 만큼 디지털 미디어의 파괴력은 가공할 만한 것이다.

인류 역사상 어느 시대에도 지구 인구의 절반을 사용자로 만든 미디어 유형은 없었다. 2019년을 기준으로 전 세계 소셜미디어 활성 사용자 수는 34억 8000만 명이다. 전 세계 인구의 45%에 해당하는 수치다. 신규 이용자 수도 연간 3억 7000만 명으로 매일 100만 명이 새로 가입한다. 구글은 전 세계 검색의 87%를 독점하고 있고, 페이스북 월 사용자는 세계 인구의 세 명 중 한 명꼴인 22억 명이며, 유튜브도 월평균 19억 명이 넘는 사람들이 이용하고 있다. 구글과 페이스북은 유튜브나 인스타그램과 같은 자회사까지 포함하여, 전 세계 웹광고의 60% 이상을 독점하고 있다.

소셜미디어의 대표 주자 페이스북은 사용자들의 처음 기대와는 달리 이제는 거대한 비즈니스 시장으로 변질됐다. 흔히 사람들은 페이스북과 같은 소셜미디어 플랫폼을 공짜로 이용한다는 착각에 빠지기 쉽다. 돈을 지불하지 않고 이용할 수 있으니 공짜라는 생각을 갖게 되는 것은 어쩌면 당연하다. 하지만 실상은 완전히 정반대이다. 페이스북에 올리는 사용자의 콘텐츠는 오히려 무상으로 페이스북의 자산이 된다. 다른 소셜미디어업체도 마찬가지다. 이들은 그럴싸한 무료 놀이터를 만들어놓고 사용자들을 실컷 놀게 한 다음 그들이 올린 데이터를 아무런 대가의 지불도 없이 가로챈다. 데이터가 곧 돈인 시대에 이들의 행위는 분명한 약탈이다. 데이터 해적질이라고 불리는 이 같은 상술로 이들 미디어 플랫폼업체는 전 세계에서 가장 높은 수익을 자랑하는 정보기술[IT] 업체가 되었다. 게다가 급증하는 사용자 수를 바탕으로 광고 시장에서 독점적 우위를 점유한다.

소셜미디어의 다른 이름인 소셜네트워크서비스[SNS]라는 말은 일종의 허위의 언어다. 페이스북 사용자들 중 어느 누구도 페이스북 친구가 진정한 친구라고 생각하지 않는다. '페이스북 친구'는 친구라는 말이 갖고 있는 본질적인 의미와는 다른 말로 쓰인다. 즉 '페이스북 친구'는 '페이스북 친구'이지 친구가 아니다. 사람들은 이 사실을 알면서도 '페이스북 친구'에게 매달린다. 페이스북 비즈니스 전략의 핵심은 '친구'와 '좋아요'의 중독성이다. 마크 저커버그와 함께 페이스북을 공동 창업했던 숀 파커는 페이스북과 같은 소셜미디어의 목표는 인간 심리의 취약성을 이용해 최대한 사용자의 시간과 관심을 붙잡는 것이라고 폭로했다. 페이스북 사용자 담당 부사장이었던 차마트 팔리하피티야는 페이스북을 설계할 때 중독 상황(좋아요)을 의도적으로 만들어 사용자의 도파민 분출을 유인했다고 고발했다. 그는 "우리는 사회가 작동하는 방식을 파괴하는 도구를 만들었다"고 고백한 바 있다. 페이스북으로 맺어진 친구라는 이름의 사회적 관계망은 결국 인공의 가상 세계에서 만들어진 중독성의 다른 표현일 뿐이다. 그런 의미에서 지그문트 바우만이 생전 마지막 인터뷰에서 밝힌 "소셜미디어는 덫이다"라는 말은 깊이 새겨볼 만한 언명이다.

최근 '유튜버', 혹은 '크리에이터'가 초등학생 진로 희망의 상위권 순위에 올랐다는 보도가 있었다. 유튜브라는 단순한 영상 플랫폼이 온 세계를 집어삼켰다. 페이스북이 압도하던 뉴미디어 세계에서 이제는 유튜브가 대세로 떠오르고 있는 것이다. 간단한 조작만으로 영상을 올리거나 관심 있는 콘텐츠를 공유할 수 있기에 누구나 손쉽게 이용할 수 있다는 점만으로는 유튜브의 급부상이 설명되지 않는다. '영상'과 '디지털', 그리고 '플랫폼'이라는 가장 강력한 미디어 속성이 결합해서 새로운 형태의 미디어가 탄생한 것이다. 처음과 달리 유튜브는 이제 결코 단순한 영상 플랫폼이 아니다. 영상을 공유하는 플랫폼을 넘어서 정보나 뉴스를 소비하는 미디어 업계의 공룡이 되었다. 대중은 종이신문만을 멀리하는 것이 아니라 이제는 활자화된 인터넷 뉴스에도 고개를 돌려 유튜브를 통해 정보와 뉴스를 접하고 있다. 기존 언론, 방송, 포털이 담당했던 기능을 빠르게 흡수하고 있는 것이다.

유튜브를 통한 정보 전달 방식은 필연적으로 정보의 맥락을 단순화하고 의미를 형해화한다. 단순하고 선정적인 전달에 적합하여 정치적 선전, 선동의 장으로 악용되기도 한다. 검증과 검열에 취약하기에 가짜 뉴스의 온상이 되기도 쉽다. 한번 만들어진 가짜 뉴스는 이를 믿는 특정한 집단에 의해 빠르게 유포된다. 가짜 뉴스는 대중의 확증편향과 영합하여 진실이 밝혀지는 경우에도 왜곡된 정보 그대로, 수정 없이 유포된다. 가짜 뉴스라고 판명된 정보가 진실로 둔갑하여 오래도록 사람들에게 전파되는 경우를 어렵지 않게 찾아볼 수 있다. 미디어의 속성과 미디어가 지닌 막강한 영향력을 잘 활용하여 대중적 인기를 얻은 자들이 대중의 과잉 관심 속에 미디어 권력을 지나치게 행사하는 경우도 나타난다. 미디어 권력을 이용하여 진실을 왜곡하거나 호도하는 경우가 생기더라도 이들의 미디어 사유화와 권력 남용은 현실에서 제어할 길이 없다.

유튜브는 자극과 관음이 폭력적 방식으로 관철되는 과잉 욕망의 용광로가 되어가고 있다. 본질적으로 포르노그래피와 다를 바 없는 '먹방', 자기현시와 관음증적 욕망이 뒤섞인 '브이로그'와 같은 새로운 문화적 현상이 유튜브를 통해 생겨나고 있다. 영상 매체의 기본적인 속성이라고 할 수 있는, 시청자를 무비판적이고 수동적인 정보 수용자로 만드는 데 유튜브는 훨씬 용이하다. 빅데이터를 기반으로 정보 수용자의 취향에 맞게 선별 제공되는 콘텐츠는 수용자의 비판적 사고 능력을 감퇴하게 만드는 기능을 한다. 이러한 문화적 현상이 가능한 것은 유튜브를 통한 정보 비즈니스가 강력하게 작동하고 있기 때문이다.

유튜브 이용자가 폭발적으로 늘어남으로써 광고 수익은 크게 증가했다. 초기에 돈이 되지 않을 것이라는 예측은 모두 빗나갔다. 이제는 유튜브가 '돈'이 되는 곳이라는 인식이

급속하게 퍼져나가고 있다. 구독자 3000만 명을 자랑하는 '보람튜브'의 주인공, 6살 보람이가 번 돈으로 그의 가족이 강남에 수십억 원짜리 빌딩을 샀다는 선정적인 소식이 한때 회자되었다. 보람이의 성공 신화에 언론과 여론이 비정상적으로 들끓었다. '보람튜브'의 하루 매출이 공영방송의 일간 광고 수익과 맞먹는다는 충격적인 소식도 전해졌다. 결국 이 시대의 모든 이슈는 '돈'으로 수렴한다. '유튜버', 혹은 '크리에이터'를 향한 초등학생들의 꿈은 어쩌면 이러한 현실의 정확한 반영일지도 모르겠다.

기술전체주의와 언어의 타락

　'공유경제'라는 말이 있다. 본래는 물건이나 서비스를 개인이 소유하지 않고 필요에 의해 서로 공유하는 경제활동이라는 의미로 쓰였던 말이다. 하지만 이제 '우버Uber'나 '에어비앤비Airbnb'처럼 디지털 기반 공유 플랫폼 서비스를 지칭하는 말로 대신 쓰이고 있다. 우리나라에서는 최근 논란이 가중되고 있는 '타다'나 '쏘카'와 같은 서비스를 공유경제라는 말을 입혀 사용하고 있다. 하지만 공유경제가 가능하려면 공유자원에 대한 공동체 구성원들의 자발적 참여와 민주적이고 자치적인 관리가 가능해야 한다. '혁신'과 '공유'라는 이름으로 해당 분야의 기존 생태계를 망가뜨리며 마치 공익에 기여하는 것처럼 현혹하는 정보기술업계의 플랫폼 사업을 과연 우리는 공유경제라 부를 수 있을까? 앱 기반 차량 호출 서비스에 불과한 '우버'나 '타다'에 과연 공유경제라는 말을 입히는 것이 온당한 일인가? 결과적으로는 플랫폼 노동자들을 약탈하는 경제구조를 어떻게 공유경제라고 부를 수 있겠는가.

스마트홈, 스마트시티와 같은 말들이 횡행한다. 인공지능, 사물인터넷이 우리가 사는 집 안 곳곳에 부착되고 연결된다. 공학적으로 완벽한 시스템을 갖춘 집, 모든 것이 자동화로 제어되고 기계적으로 연결되는 집, 그 집과 다른 집이 연결되고 거리와 건물이 연결되는 도시, 스마트한 세상, 우리 사회 거의 모든 도시가 미래의 비전으로 꿈꾸는 세상이다. 하지만 이런 세계에서는 사람이 살 수 없다. 이런 세계에 사는 사람은 본질적으로는 사람이 아니다. 생물학적으로는 인간이라도 기계화된 인간, 즉 인공지능과 다를 바 없는 사람이다. 인공지능을 만드는 존재도 본질적으로는 사람이 아니라 인공지능형 인간이다. 기계는 인간의 피조물이지만 기계를 만드는 인간의 내부에도 기계는 존재한다.

오랫동안 "과학은 가치중립적이다"라고 말해왔다. 과학의 책임성에 관해 가장 보편적으로 쓰이는 말이다. 그런데 이 말처럼 허황한 말은 없다. 과학은 가치중립적이어서 과학이나 기술로 파생된 문제의 책임은 과학에 있는 것이 아니라 이를 사용한 인간에게 있다는 말이다. 과연 그러한가? 20세기, 자본과 결탁한 과학과 기술이 인류 사회를 어떻게 망가뜨렸는지를 보면 이 말이 얼마나 무책임한 말인지 명확히 알 수 있다. 오늘날 과학은 더 이상 세계에 대한 호기심과 인간에 대한 탐구가 바탕이 되는 학문이 아니다. 지금의 과학과 기술 연구는 철저히 기술 자본의 이윤 창출을 위한 수단으로 시작된다. 과학기술을 연구하는 대학과 대학원 연구소는 국가와 기술 산업 자본의 시스템에 철저히 종속돼 있다.

결국 한도를 넘어선 기술 발전은 이렇게 이루어진다. 이러한 과정이 바로 '합성생물학'이니 '크리스퍼 유전자 가위'니 하는 흉측한 생명공학 연구가 탄생하는 배경이다. 유전자를 자르고, 오리고, 붙이고, 편집하여 생명체를 만들겠다는 끔찍한 말들이 아무렇지도 않게 통용되는 세상에 우리는 살고 있다.

조지 오웰은 "생각이 언어를 타락시킨다면 언어도 생각을 타락시킬 수 있다"고 말했다.[4] 나는 이 말을 이어받아 세계의 타락은 언어의 타락으로 드러난다고 말하고 싶다. 기술이 인간의 삶을 압도하고 황폐하게 만든 이 세계에서 우리의 언어는 어떤 모습인지 살펴야 한다. 우리는 과학과 기술이 만들어낸 존재가 아니다. 우리의 삶은 기적처럼 왔다. 우리는 알 수 없는 신비로 가득 차 있는 우리의 삶을 되찾아야 한다. 아울러 기술과 기계가 드리운 장막을 걷어내고 우리 자신의 삶의 언어를 회복해야 한다.

---

4 조지 오웰, 『나는 왜 쓰는가』 이한중 옮김, 한겨레출판, 2010.

부족의 언어, 혐오의 언어

2

박권일

언어 전쟁

인터넷, 소셜미디어에 쏟아지는 언어를 어떻게 평가할 수 있을까? 어떤 이는 '하수구'라고 하고 어떤 이는 '해방구'라고 한다. 과거에는 '해방구'라 여긴 이가 많았지만 최근에는 확연히 줄어들었다. 폐해를 직접 겪었기 때문이겠다. 게다가 유튜브라는 형식이 미디어 생태계의 왕으로 군림하게 되면서부터는, 단지 문자 텍스트의 파괴 또는 해방만이 아니라 문자문화에서 구술문화로의 전환이라는 진단도 심심찮게 나오고 있다. 어쨌든 최근 반세기에 비추어도 우리의 언어가 전례 없는 상황에 마주한 것은 분명해 보인다.

이 현상을 바라보는 다양한 관점이 존재할 수 있겠으나, 이 글에서는 '부족'과 '혐오'를 열쇠 말로 삼고자 한다. 먼저 소셜미디어의 언어는 '부족의 언어'이자 '혐오의 언어'라는 것이다. 이 테제는 지나치게 '명쾌'하기 때문에, 읽을 때 주의가 필요하다. 이것은 '정도'의 문제이지 '유무'의 문제가 아니다. 소셜미디어의 언어가 '부족화'되었다 함은 '민족과 국가가 사라졌다'는 뜻이라기보다 부족적 '속성'이 강해졌다는 의미다. '혐오' 문제 역시 마찬가지다. 여기서 말하는 '혐

부족의 언어, 혐오의 언어

오의 언어'는 과거엔 없었던 혐오가 갑자기 '일베' 또는 인터넷 시대 이후 나타났다는 주장 따위가 전혀 아니다. 한국은 예나 지금이나 소수자·약자 혐오로 가득 찬 사회다. '일베' 등 온라인의 혐오 표현들은 없던 혐오를 창조한 게 아니라 이미 만연해 있던 일상적 혐오 문화를 극화하고 부각했을 뿐이다.

또 하나 중요한 지점은 '소셜미디어가 대표성을 가지는가'라는 질문이다. 당연히 그렇지 않다. 페이스북이나 유튜브 등 소셜미디어를 즐겨 하는 사람들은 마치 그게 세상의 전부인 양 여기기 쉽다. 실제 소셜미디어의 힘이 강력하긴 하지만, 그럼에도 소셜미디어는 세계의 일부일 뿐이다. 소셜미디어 내부에서나 각 플랫폼 사이에서 각각 '필터 버블$^{filter\ bubble}$' 혹은 '확증 편향'이 작동하듯이, 소셜미디어 내부와 외부 사이에서도 세계에 대한 인식의 비대칭이 나타난다. 소셜미디어는 특정 집단이 주로 사용하는 매체다. 이들은 사회적으로 과대 대표되는 반면, 이들을 제외한 어떤 사람들은 과소 대표되거나 배제되어 있다. 현상을 규정하기 전에 이러한 한계를 명확히 인식하는 것이 중요하다.

부족部族 시대의 재림?

마셜 매클루언은 텔레비전 시대를 통찰한 매체 사상가로 유명하다. 그런데 인터넷의 등장 후 더욱 각광 받는 모양새다. 지나치게 잠언적이고 모호한 그의 서술 방식과 방법론은 여전히 논란의 대상이지만, 그의 매체 생태학이 텔레비전 시대보다 인터넷 시대에 훨씬 잘 들어맞는 것처럼 보이기 때문이다. 그래서인지 학계에서도 1990년대 말부터 매클루언 다시 읽기의 붐이 일었다.

매클루언은 인류의 역사를 크게 네 단계로 나눈다. 구술문화 시대, 필사문화 시대, 인쇄문화 시대, 전기 시대가 그것이다. 구술문화와 필사문화를 가르는 결정적 계기는 표음문자의 발명이고 필사문화와 인쇄문화를 가르는 계기는 구텐베르크의 금속활자다. 그리고 인쇄문화 시대와 전기 시대를 가르는 것은 전신의 발명이다. 매클루언에 따르면 구술문화 시대에서 필사문화 시대를 거쳐 인쇄문화 시대에 이르는 과정은 청각, 촉각이 시각의 지배로 옮겨가는 과정이었다.

매클루언은 구술문화 시대에서 인간은 '신화와 의식으로 짜인 주술적이고 통합적인 세계 속에서 신성하고 불변하는 가치'에서 비롯된 '집단적 무의식' 속에서 공동체적 삶을 사는 '부족인'이었다고 말한다. 그는 『플레이보이』 인터뷰에서 이를 다음과 같이 설명하고 있다. "부족적 세계에 사는 인간은 복합적이고 만화경 같은 삶을 살았는데, 이것은 귀는 눈과 같지 않아서 한군데에만 집중되지 않으면서 분석적이거나 선형적이지 않고 공감각적이기 때문이다. (…) 청각적 장auditory field은 동시적인 반면 시각적 장은 순차적이다. 비문자적인 사람들의 삶의 양식은 함축적이고 동시적이면서 불연속적이었다."[1] 이 비非문자적인 삶-구술문화적 삶은 인쇄문화의 등장으로 인해 수백 년간 뒤로 물러나 있다가 전기 시대가 되자 다시 부활한다.

전기 미디어의 등장이 가져온 가장 중요한 변화는 구어문화의 핵심적 측면들을 다시 부활시켰다는 점이다. 인쇄문화 시대에서 전자문화 시대로의 전환은 매클루언식으로 표현하자면 시각적 시대에서 청각적 시대로의 회귀라고 말할 수 있다.[2]

---

1 *The Playboy Interview : Marshall McLuhan*, Playboy Magazine, March 1969, p240 ; 김균·정연교, 『맥루언을 읽는다』 궁리, 2006, 112쪽 재인용.
2 김균·정연교, 위의 책, 124쪽.

매클루언은 지극히 당연시되던 진리 생산 체계를 상대화하고 역사화한다. 그 진리 생산 체계란 곧 인과적·선형적·논리적 사고다. 표음문자는 구어적인 것을 시각적인 것으로 바꾸는 단초였는데, 필사문화 시대에 아직 남아 있던 촉각적·청각적 요소는 인쇄술의 발명으로 인해 완전히 시각 중심의 문화로 전환된다. 인쇄술은 총체적인 인식 대신 분절적이고 선형적인 의식을 가지도록 강제한다. 이제 지식은 온전히 시각을 통해서 얻어지는 것이 되었다.

매클루언이 보기에 이러한 역사적 과정은 진보나 발전이라기보다 편향과 불균형이었다. 인쇄물의 획일성은 인간의 경험을 동질화하고 '눈에 보이는 대로의 정보'만 강조하면서, 시각 외의 다른 감각적 경험을 전부 뒤로 밀어내게 되었다. 논리적·선형적 사고에 대한 집착이 필연적인 게 아니라 매체-기술에 의해서 틀 지워진 것이라는 게 매클루언의 핵심 테제다. 그에 따르면 문자 중심(시각 중심) 매체가 전기 시대가 되면서 청각적·촉각적 매체로 변화되어 우리는 다시 부족의 시대로 돌아가고 있다.

매체 이론과는 별도의 맥락에서, 미셸 마페졸리도 매클루언과 일맥상통하는 이야기를 한다. 근대가 '민족'의 시대이자 '개인'의 시대였다면 근대 이후 혹은 포스트모던사회는

박권일

부족의 언어, 혐오의 언어   49

다양한 관심사에 따라 불규칙적으로 재편되는 소집단, 즉 신
新부족들의 사회가 되었다는 것이 마페졸리의 테제다.

"지나치게 합리화된 우리 사회, 그렇기에 살균된 사회, 필사적
으로 모든 위험을 막아내려는 사회, 바로 그러한 사회 속으로
야만스러운 것이 되돌아온다. 바로 그것이 부족주의의 의미다."

"우리는 근대적 보편주의, 계몽주의의 보편주의, 승리를 구가
하는 서양의 보편주의에서 멀리 떨어져 있다. 이 보편주의란
사실상 특수한 자민족중심주의의 일반화일 뿐이다. 세계의 조
그마한 지역의 가치들이 모두에게 유효한 모델처럼 확대 적용
된 것이다. 부족주의는 경험적으로 어떤 장소에 대한 소속감,
그리고 어떤 집단에 대한 소속감이 중요하다는 점을 상기시켜
준다. 이 소속감은 모든 사회적 삶의 본질적 토대이다."[3]

3 미셸 마페졸리, 『부족의 시대』 박정호·신지은 옮김, 문학동네, 2017, 19~20쪽.

알기 싫음^{unknown knowns}

『생각 조종자들』(알키)의 저자 엘리 프레이저는 페이스북이 사용자의 사용 성향을 분석하고 필터링해서 특정 성향의 사람과 교류가 적을 경우, 실제로 교류하는 비슷한 성향의 사람들 소식만 전해주게 된다고 말한다. 결국 그 사용자는 점점 더 자신과 다른 성향의 사람들 소식을 접하기 어려워진다. 또한 프레이저는 같은 단어로 구글 검색을 하더라도 검색자에 따라서 어떤 사람에게는『뉴욕 타임스』의 기사가, 다른 사람에게는 '폭스 뉴스'의 기사가 먼저 보이는 식으로 다른 검색 결과가 나타난다고 주장한다. 이것이 바로 인터넷의 '개인화^{personalization}'다. 이러한 '필터 버블' 현상이 개인의 편견^{bias}을 강화하는 기제가 될 수 있다는 점에서 프레이저 이후에도 많은 전문가들이 우려를 제기해왔다.

개인만이 아니라 집단 차원에서도 유사한 현상이 지적되었다. 인터넷이나 소셜미디어가 다양한 의견을 가진 사람들이 치열한 토론을 거쳐 건강한 공론을 형성하는 장이 아니라 끼리끼리 모여 한쪽으로 치우친 주장을 더욱 극단화시키고 있다는 것이다. 이는 사회심리학에서 오랫동안 연구된 주제인 '집단극화', 그리고 미디어 이론에서 널리 알려진 '반향효과'와도 맥이 통한다. 집단극화 현상은 사람들이 혼자 있을 때보다 집단일 때 더욱 극단적인 의견으로 치우치게 되는 심리적 경향성을 말한다. 반향효과는 인터넷 등으로 인해 정보가 지나치게 범람하면서 익명의 타자들과의 의사소통에 부담을 느낀 개인이 자신과 의견이 비슷한 소집단 등으로 스스로를 가두고 이런 좁은 세계에서 이미 알고 있는 지식이나 이념만 교환하고 공감하게 되는 현상을 가리킨다.

사실 '필터 버블'이나 '집단극화' 현상에 대해선 반박도 만만치 않다. 지나치게 과장되었다는 것이다. 자기가 선호하는 정보만이 아니라 상반되는 정보도 생각보다 많이 접한다는 것이 반박의 주된 내용이다. 이 글에서 학계의 모든 논의를 정리할 수는 없지만 한 가지 분명한 점은, '필터 버블'의 과장을 지적하는 전문가들조차 사람들이 정보나 사실을 편향되게 수용한다는 사실 자체에는 동의한다는 것이다.

더 중요한 게 있다. 사람들은 만약 자신이 알던 정보가 명백히 틀렸음을 인지하더라도 생각을 즉각 바꾸지 않는다는 것이다. 계몽주의 시대가 전제하는 인간은 '앎을 향해 나아가는 인간'이다. 빛을 본 적이 없어서 어둠에 익숙할 수는 있겠지만 일단 빛을 한번 비추면enlightenment 그쪽으로 가게 된다는 것이다. 다시 말해 '사람은 무지가 아니라 앎을 지향한다'. 그것이 근대의 인간이다.

그러나 후기 근대, 혹은 현대의 인간에게 이런 계몽주의의 공식은 통용되지 않는다. 미국 국방부 장관이었던 도널드 럼즈펠드는 이라크전쟁을 정당화하기 위해 기상천외한 궤변을 구사했다. 그중에서 10여 년이 지난 지금까지 인용되는 유명한 표현이 있다. '알려지지 않은 무지'가 그것이다. 즉, 이라크에 대량살상무기가 있는지 없는지는 '알려지지 않은 무지'의 영역이기 때문에 미국이 선제공격을 해야 한다는 것이다. 먼저 럼즈펠드는 앎의 세 유형을 제시한다. 첫째는 '알려진 앎known knowns'이다. 글자 그대로 우리가 잘 알고 있는 지식이다. 둘째는 '알려진 무지known unknowns'다. 이는 우리가 어떤 문제에 무지하다는 사실을 아는 것이다. 소크라테스가 말한 '앎'이 이것에 가깝다. 셋째가 바로 '알려지지 않은 무지unknown unknowns'다. 이 무지는 자신이 무엇을 모르는지조차 모르는 무지다. 또는 어떤 문제에 대해 안다고 착각하지만 실은 모르고 있는 상태를 가리킨다.

그런데 이 앎의 유형에는 어떤 공백이 있다. '알지만 알지 못하는 것unknown knowns'이다. 이건 말이 안 되는 것처럼 보인다. 이미 알고 있는 것을 알지 못한다는 것은 논리적 모순이기 때문이다. 그러나 이 유형은 실제로 존재할 뿐 아니라 나

머지 세 유형보다 어쩌면 더 중요하다. 반지성주의와 탈脫진실post-truth 시대의 본질을 절묘하게 드러내는 까닭이다.

'알지만 알지 못하는' 사람은 우리가 살아가는 세계 도처에 존재한다. 처음에 그는 현실주의자였다. "뭐가 옳은지는 알지만 어쩔 수 없잖아, 현실이 그런걸." 이런 태도를 지속하다 보면, 시시비비에 대한 앎 자체가 점점 불편해진다. 그리하여 현실주의자는 불가지론자가 된다. "이 복잡한 세상에서 뭐가 옳고 뭐가 그른지 누가 확신할 수 있겠어?" 조금 편해지긴 했지만 이내 불가지론자는 더 안온한 자리가 있음을 깨닫는다. 바로 '알기 싫다'라는 입장이다. "알려고 들면 알 수도 있겠지만, 내가 왜 그래야 하는가? 난 내가 좋아하는 것만 이야기할 것이고 내가 편들고 싶은 입장만 읽을 것이다." 이제 '시비'는 '선호'로 대체된다. 의도적 무지를 택한 그는 비로소 충만한 행복을 느낀다. 그런 사람에게 사회의 구조적 모순이나 윤리적 가치를 가르치고 역설하는 건 무망한 노릇이다. 그는 계몽되지 못한 자가 아니라 계몽되지 않으려는 자, '계몽 이후의 백치'인 까닭이다.

지금 한국의 인터넷 정치 담론에서 나타나는 진영 논리는 이념의 과잉에서 비롯된 것이 전혀 아니다. 이념은 오히려 결핍되어 있다. 이념보다 훨씬 밀도 높게 존재하며 중요시되는 건 '부족적 취향tribal tastes'이다. '사실 앞의 겸허함' 같은 건 하등 중요치 않다. 사실이 뭐가 중요한가. 어차피 관점에 따라 진실은 제각각이다. 따라서 내 편인지 아닌지가 '내가 알아야 할 모든 것'이다. 최근 유시민 씨의 거짓말을 지적한 어느 기사[4]에 달린 베스트 댓글은 '알기 싫음'의 시대에 나타나는 부족의 언어가 정확히 어떤 것인지를 잘 보여준다. "사람이 틀릴 수도 있는 거지. 하지만 우린 유시민을 믿고 지지한다. 왜냐면 유시민은 틀릴 수는 있지만 절대 속이지는 않는다는 걸 우리는 아니까."

주목이라는 희소자원

"인간이 힘들게 노력하고 탐욕과 야망을 품고 부를 추구하고 권력과 명성을 얻으려는 목적은 무엇인가? 생활필수품을 얻으려는 것인가? 그거라면 노동자의 최저임금으로도 얻을 수 있다. 그렇다면 인간 삶의 위대한 목적이라고 하는 이른바 삶의

---

4   한승곤, "'유시민 팩트 틀렸나' 조국 대리시험·국보법 파동 발언 논란", 『아시아경제』, 2020. 1. 5. <https://www.asiae.co.kr/article/2020010416163406723>

조건의 개선에서 얻는 것은 무엇인가? 다른 사람들이 주목하고, 관심을 쏟고, 아는 척해주는 것. 그것이 우리가 거기서 얻을 수 있는 모든 것이라 할 수 있다."[5]

애덤 스미스가 1759년에 쓴 『도덕감정론』의 한 대목이다. 노벨경제학상 수상자 허버트 사이먼은 개인용 컴퓨터가 보급되기 훨씬 전인 1971년에 이미 이런 상황을 예견하고 있었다. 그는 "정보가 풍족한 세계information-rich world에서 가장 희소한 자원은 바로 주목attention"임을 간명하게 밝히면서, 정보가 넘쳐날수록 타인의 주목을 쟁취하는 행위가 최우선이 될 것이라 단언했다.[6] 정보 과잉 사회로 갈수록, 주목이라는 판돈stakes을 차지하기 위한 경쟁은 격화될 수밖에 없다는 것이다.

헤겔의 '인정투쟁'은 주체로 인정받으려는 욕구를 충족하려는 투쟁이자 상호 인정 상태에 이르기 위한 투쟁이다. 그러나 인정투쟁과 '주목 경쟁'은 다르며, 주목 경쟁을 인정투

---

5 애덤 스미스, 『도덕감정론』, 박세일·민경국 옮김, 비봉출판사, 1996, 101쪽.
6 Herbert A. Simon, "Designing Organizations for an Information-Rich World", *Computers, communications, and the public interest*, Baltimore : The Johns Hopkins Press, 1971.

56   언어 전쟁

쟁의 변종 혹은 사회적 인정의 예비 단계로 규정할 수도 없다. 획득한 관심이 경멸이나 혐오가 아니라 인정과 호감이면 좋겠지만 그건 부차적이다. 중요한 건 내가 가져올 수 있는 '트래픽traffic'이 어느 정도냐. 인정투쟁이 질적 경쟁이라면 주목 경쟁은 양적 경쟁이라 할 수 있다.

과거에 타인의 관심을 얻는 거의 유일한 방법은 높은 사회적 지위를 획득하는 것이었다. 하지만 지금은 그 경로가 제법 다양해졌다. 소셜미디어 같은 매체의 발전은 옛날에는 극소수 부자나 예술가만 받을 수 있던 주목을, 이제는 노력 여부에 따라 보통 사람들도 획득할 수 있게 만들었다. '보통 사람들도 가능해졌다'는 말이 곧 누구나 가능하다는 뜻은 아니다. 여기에도 일종의 네트워크 효과가 발생한다. 달리 말하면 '주목의 승자독식' 현상이다. 이미 '매력 자본'을 많이 가진 개인은 과거 같으면 주변 사람 몇몇에게서 받을 수 있었던 관심을 지금은 인터넷이라는 미디어를 통해 훨씬 넓은 영역에서 빨아들일 수 있게 됐다. 반면 그렇지 못한 사람들은 상대적으로 손해를 볼 수밖에 없다.

인간의 인지능력은 유한하다. 반면 인간의 인지자원을 소모하는 정보는 기하급수적으로 늘어나기 마련이다. 때문에 타인의 관심을 끈다는 것은 점점 더 어려운 일이 될 수밖에 없다.

　자본주의 체제에서 관심의 상대적 가치가 커진다는 것은 관심의 교환가치가 커진다는 것, 즉 전보다 더 많은 돈이 된다는 의미다. 예나 지금이나 관심은 돈으로 이어지곤 했지만, 과거의 관심은 '명성'에 가까운 의미였고 명성이 높은 사람조차 돈을 썩 잘 벌지 못하는 경우도 많았다. 현대인의 관점에서 보면 '관심'이라는 요소와 '돈'이라는 요소가 바로 연결되는 것은 당연해 보이지만, 우리가 살아가는 세계가 그렇게 된 지는 얼마 되지 않았다. 공론장과 인민 주권이 '발명'되기 이전의 시대[7]에는 종교적 권위와 신분제도가 커뮤니케이션을 억압했기 때문에 관심이나 주목은 도덕철학적 주제로 다뤄지긴 했어도, 경제적 이익 추구와 구별된 것으로 논의되었다.

　스미스가 『도덕감정론』에서 말하고 있는 관심의 추구도, 경제적 이익 추구의 궁극적 목적으로 제시된 것이고 그래서 그 관심은 사실상 '인정'에 가깝다. 도식화시켜서 표현하자면, 스미스에게 관심은 이익의 목적이며 이익은 관심의 수단

7　찰스 테일러, 『근대의 사회적 상상』, 이상길 옮김, 이음, 2010.

언어 전쟁

이다. 반면, 지금 논의하는 주목 경쟁이나 주목 경제에서 관심은 이익의 수단이거나 이익 그 자체다.

'사업 아이템'으로서의 혐오

오늘날 관심과 주목은 돈과 직결된다. 타인의 관심을 크게 끈 사람들이 순식간에 천문학적 액수의 돈을 벌어들이게 됐다. '어떻게' 관심을 *끄느냐*보다 '얼마나' 관심을 끄느냐가 중요해졌다. '어떻게'가 아니라 '얼마나'가 중요해졌다는 것은, 곧 과정보다 결과가 중요해졌다는 것이다. 결과만을 노린다면, 무엇이 가장 효과적인 방법인지는 이미 모든 사람들이 알고 있다. 선정적이고 폭력적일수록, 혐오와 증오를 유발할수록 관심은 폭발적으로 증가한다. 얼마 전 인터넷 커뮤니티에서 벌어진 사건도 그런 맥락에 놓인다.

신문과 방송 등 전통적 매체 역시 속성상 당연히 관심을 최대화하려 하지만, 오랜 기간 형성된 제도적·문화적 제어장치로 인해 일정한 제약을 받는다. 반면 특히 유튜브 같은 플랫폼에서 생산되고 유통되는 개인 방송 등은 그런 제약들에서 상대적으로 자유롭다. 실제로 플랫폼 기업들은 자신들이 정보통신 기업일 뿐 미디어가 아니라고 주장하며 사회적 책임을 경감받거나 면제받아 온 게 사실이다. 이러한 제도적·문화적 조건이, 주목의 추구가 격화될 수밖에 없는 정보 풍족 사회의 인지 환경과 결합되자, 지옥도가 펼쳐지기 시작했다.

결정적인 것은 선정적이고 혐오적인 콘텐츠가 그대로 '크리에이터'의 금전 수익으로 이어진다는 점이었다. 유튜브와 아프리카TV의 인터넷 개인 방송에서 혐오 발언이 어떻게 경제적 수익으로 작동하는지를 탐색한 최근의 한 연구는 여성혐오 발언 맥락이 등장할 때 후원 금액이 107.0% 증가했으며, 여성혐오 발언이 공격적이지 않을 때보다 공격적일 때 평균 104.1% 더 많은 후원 금액이 발생했음을 보여준다.[8]

이미 각 분야에 특출한 재능을 가진 사람들이 시장을 선점한 상황에서, 별다른 자원이 없는 사람들이 택할 수 있는 콘텐츠는 그리 많지 않다. 틈새시장을 찾아야 하지만 말처럼 쉬운 게 아니다. 그때 관심이 '고픈' 사람들이 택하는 게 혐오 콘텐츠다. 혐오는 재능을 요구하지 않으며, 가장 적은 자

8 김지수, "인터넷 개인방송에서 혐오발언은 어떻게 비즈니스가 되는가?", 서울대학교 언론정보학 석사 학위논문, 2019, 73~75쪽.

원을 투여해 가장 많은 사람들의 관심을 유인할 수 있다. 여성, 이주노동자, 동성애자, 무슬림 등 '밟아도 될 만한 집단'을 향해서 최대한의 모욕적 언설을 토해내는 것. 그것만으로도 적지 않은 수익이 발생한다. 투입 대비 산출 효과가 이 정도로 큰 비즈니스는 드물다.

일베 같은 커뮤니티의 혐오 발언과 유튜브 같은 플랫폼의 혐오 발언은 내용 면에서는 별 차이가 없지만, 비즈니스 모델이라는 면에서 완전히 다르다. 일베 회원들이 혐오를 통해 얻을 수 있는 건 약간의 쾌락과 관심뿐이었다. 혐오 놀이로 트래픽이 몰리면 서버 운영자가 돈을 벌었다. 하지만 유튜브는 혐오 발언을 한 당사자에게 바로 돈을 준다. 주목 자체 외에도 또 하나의 강력한 모티베이션^{motivation}이 추가된 셈이다. 극단화된 주목 경쟁이 불과 몇 년 사이 혐오 비즈니스로 '발전'한 모양새다.

혐오 비즈니스는 '가짜 뉴스^{fake news}' 문제와도 결부되어 있다. 『한겨레』는 일부 극우개신교 세력의 '가짜 뉴스' 생산 실태를 추적한 탐사보도에서 혐오 표현과 '가짜 뉴스'의 기지가 일베에서 유튜브로 옮겨왔다고 지적하고 있다. "일베 몰락 이후 되레 한국 사회는 인권조례, 페미니즘, 난민 등 소수자 관련 문제가 등장할 때마다 혐오 표현으로 몸살을 앓고 있다. 가짜 뉴스와 혐오 표현의 기지가 일베에서 더 큰 놀이 터인 유튜브로 이전된 까닭이다."[9]

혐오 표현과 가짜 뉴스가 결합된 가장 전형적인 사례는 2018년 초 제주 예멘 난민 입국 당시 한국 사회를 휩쓸었던 난민 혐오 열풍이다. 당시 수천 명의 시민들이 "난민을 당장 추방하라"며 촛불을 들었고 예멘 난민 반대 청와대 청원이 70만 명을 돌파했다. 인터넷에는 "해외 언론 기사"라며 무슬림 관련 가짜 뉴스들이 범람했다. "시리아 난민이 동물원에서 조랑말을 강간했다", "스웨덴에서 발생한 성폭력의 92%가 이슬람 난민에 의한 것이고 피해자 절반이 아동이다", "아프간 이민자의 성범죄율이 내국인보다 79배가 높다" 등 충격적인 내용의 뉴스였고 당연히 많은 사람들의 이목을 끌었다. 물론 거의 모두가 날조된 루머였다.

이 가짜 뉴스들을 만들어내 유튜브에 유통시킨 건 우파 개신교 단체인 '에스더기도운동'(이하 '에스더')이었다. 『한겨레』 취재에 따르면, "기독교발 혐오 뉴스를 가장 왕성히 전파하는 25명 가운데 21명이 에스더와 직간접으로 관련이 있는 인

---

9 김완·변지민, "가짜뉴스 기지, 일베에서 유튜브로—20대가 가장 많이 본다", 『한겨레』 2018. 9. 8. <http://www.hani.co.kr/arti/society/society_general/863635.html>

물이었고, 최근 기독교발 가짜 뉴스 22개가 모두 에스더와 연관돼 있었다"고 한다.[10]

재주술화하는 시대의 말들

오늘날은 과학기술만능주의가 지적되는 시대이면서 동시에 진화론과 백신을 거부하는 반과학주의의 시대다. 탈주술화disenchantment하는 시대이면서 동시에 재주술화re-enchantment하는 시대이며, 공감의 시대이면서 동시에 혐오의 시대다. 모순처럼 보이지만, 실은 모순이 아니다. 같은 동전의 양면이기 때문이다.

근대적 이성은 궁극적 의미라는 영역을 일단 괄호 친 다음 도구적 이성을 예리하게 갈고닦았다. 그것은 필연적으로 존재의 불안을 가져왔다. 그래서 막스 베버는 "근대를 살아가는 사람은 삶의 궁극적 무의미성이 만드는 불안을 견뎌내야

---

10 김완·박준용·변지민, "동성애·난민 혐오 '가짜뉴스 공장'의 이름, 에스더", 『한겨레』, 2018. 9. 27.
    <http://www.hani.co.kr/arti/society/society_general/863478.html>

한다"고 했다. 끝내 그 불안을 참기 어려웠던 걸까? 탈근대, 또는 후기 근대의 인간은 다시금 '의미'로 대거 회귀한 것처럼 보인다. 오늘날 초월적이고 절대적인 의미를 추구하는 이들은 과거에 비해 확연히 많아졌다. 단지 그 대상이 종교를 포함한 거의 모든 것, 즉 돈(자본)이거나 과학기술이거나 연예인이 되었을 뿐이다.

울리히 벡은 저서 『자기만의 신』에서 "21세기 초두에 나타난 종교의 회귀 현상은 1970년대에 이르기까지 200년 이상 지속되어온 사회 통념인 세속화 이론을 깨고 있다"고 밝히고, 이렇게 다시 종교로 회귀하는 대중을 일컬어 "종교적 초월성을 찾아 나선 유목민"[11]이라 부른다. 이들 유목민들은 제도 밖의 종교를 통해 영성을 추구하며 '탈개인화된 개인 종교' 현상을 주도하고 있다.

또한 벡은 이와 별개로 현재 세계적으로 유행하고 있는 근본주의에 대해서도 언급한다. "다양한 종교가 상품으로 제공되는 종교 시장에서는 메시지가 강력할수록 공급자에게 유리하며, 이러한 강성의 종교 상품에 대한 선호가 현재의 근

---

11 울리히 벡, 『자기만의 신』 홍찬숙 옮김, 길, 2013, 174쪽.

언어 전쟁

본주의의 융성으로 이어지고 있다."**12** 종교와 관련된 이러한 두 가지 큰 경향성을 벡은 '재주술화'라는 말로 정의했다.

이러한 시대적 특징은 무엇보다 우리의 언어로 드러나고 있다. 바로 '부족의 언어'와 '혐오의 언어'다. '부족의 언어'는 반드시 나쁜 것만은 아니지만 '혐오의 언어'는 우리 시대의 부정적 단면이다. 그렇다고 언어를 순화하고 정화하겠다는 발상은 현명해 보이지 않는다. 역사적으로 그런 시도는 늘 실패했고, 더 나쁜 결과를 가져왔다. 해야 할 일은 언어를 바꾸는 게 아니다. 세계를 더 낫게 바꾸는 것이다.

---

12 울리히 벡, 위의 책, 232쪽.

태초에 행정이
있었다

: 시의 언어와 행정의 언어

고
영
직

3

언어 전쟁

선행과 상관없는 동행

십년 전쯤 수도권에 소재한 어느 장애인 시설에서 인문학 강의를 할 때의 일이다. 스무 명 남짓한 장애 여성들에게 문사철文史哲을 비롯한 인문 교육을 통해 자신에 대한 자존감을 회복하도록 하는 프로그램이었다. 나는 문학/글쓰기 교육을 맡았다. 첫 시간에 자기소개를 겸한 오리엔테이션을 진행했다. 첫 만남이었지만 몇몇 분들은 장애 여성으로 산다는 것의 어려움에 대해 절절한 '사연'을 말하는 것이었다. 이윽고 자기소개가 끝난 후, "여러분들의 이야기 잘 들었습니다. 여러분들과 함께하며 저도 많이 배우겠습니다" 운운하는 이야기를 했다. '의례적인' 인사치레였다.

그런데 어느 참여자가 "저희는 누군가에게 가르침을 주기 위해 태어난 사람이 아닙니다"라고 말하는 것 아닌가. 그 말을 듣는 순간 뒤통수를 뭔가에 한 대 얻어맞은 듯한 묵직한 느낌이 전해져왔다. 시간이 제법 흘렀지만, 그 말을 하던 분의 표정이 또렷이 기억난다. 태어날 때부터 하반신마비로 살아온 어느 장애 여성이 웃음기를 쫙 뺀 굳은 표정으로 자리에 앉아 있는 모습이었다. 나는 몹시 당황했다. 장애 여성이든 노숙인이든 교도소 수용자든 간에 인문 교육에서 그런 식의 반응을 접한 것은 처음이었다. 당시 나는 소위 착한 사람 콤플렉스 같은 것에 빠져 있었던 모양이다. 장애 여성들을 편견으로 대하지 않으며, 누구나 존중하는 '착한 사람'이라는 어떤 허위의식 같은 것이 무너지는 듯한 강렬한 경험을 했던 셈이랄까.

이 에피소드는 사람을 대하는 나 자신의 상투적인 '태도'에 대해 생각하게 만든 작지 않은 사건이었다. 그리고 한 편의 시와 평전을 읽으며 내 안의 심증이 아니라, 하나의 '물증 物證'이 되어야 한다는 점을 생각했다. 한 편의 시는 "선행과 상관없는 동행./ 그것을 언제까지고 반복해보고 싶다"(「외국인들」)라는 심보선 시인이 쓴 표현이었다. '선행과 상관없는 동행'이라는 표현은 이른바 장애인을 '위한다'고 생각하는 내 안의 허위의식을 허물어버린 표현이었던 것이다.

시인이 언급한 표현은 사람이 사람을 '문제'로 취급하려는 시선이 문제라는 점을 언급한 것이라고 생각한다. 내 경험적 진실에 견주어 말한다면, 그분은 장애인이라서 문제가 아니라, 장애인이 되었기 때문에 억압과 낙인이 발생했던 자신의 개인적·사회적 경험을 말한 것이었다. 장애인 개인이 문제가 아니라 장애인을 바라보는 사회가 문제라는 것에 초점을 맞추는 장애인 당사자 운동의 의미와 필요성을 자신의 언어로 발화한 것이라고 보아야 옳을 터이다.

그리고 이러한 문제를 누구보다 탁월하게 성찰한 사람이 바로 오랫동안 미국에서 『가톨릭일꾼』을 발행하며 가난한 사람들과 함께하는 삶을 살아온 도로시 데이였다. 젊은 시절에 도로시 데이와 더불어 뉴욕 '환대의집House of hospitality'에서 가난한 사람들을 오래도록 지켜보았던 미국 작가 로버트 콜스는 『환대하는 삶』(낮은산)에서 도로시 데이의 삶을 회고한다. 이 평전에서 가장 눈길을 끌었던 것은 이십 대 청년 시절 대학 생활에 회의감을 느끼던 청년 로버트 콜스가 도로시 데이를 처음 만나던 장면이다. 노숙인으로 짐작되는 여성과 긴 대화를 나누던 도로시 데이가 청년 로버트 콜스에게 "우리 중 누구와 이야기를 나누려고 기다리고 있나요?"라고 건넨 질문이 퍽 인상적이었던 것이다.

도로시 데이의 이 물음은 삶에 회의를 느끼던 청년 로버트 콜스의 삶을 뒤바꾸어놓는다. 그 물음 앞에서 자신의 중산층적 허위의식이 여지없이 무너지는 경험을 했노라고 로버트 콜스는 평전에 털어놓는다. 그에게 '의미로 충만한 삶은 무

고영직
태초에 행정이 있었다 71

엇인가?'에 대한 깊은 물음으로 작용한 것이리라. 로버트 콜스가 집필한 도러시 데이 평전을 읽으며 사회학자 존 맥나이트가 "문제로서 정의된 사람들이 그 문제를 다시 정의할 수 있는 힘을 가질 때, 혁명은 시작된다"고 한 말이 비로소 이해되었다. 결국, '언어'가 중요한 것이었다. 누군가를 분류하고 재단하는 행정의 언어가 아니라, 누군가를 존재 그 자체로 온전히 이해하려는 살아 있는 언어야말로 사람을 바꾸고 세상을 바꾸는 힘이 될 수 있을 것이다.

행정의 언어와 '하필왈리何必曰利'의 논리

  그러나 우리 사는 세상에서 시의 힘이랄까, 말의 힘은 갈수록 무력無力해지는 양상을 보인다. 그 자리를 대신한 것은 행정의 언어라고 확언할 수 있다. 오늘날 행정의 언어는 우리 사회에서 무력武力의 힘을 발휘한다고 보아도 지나치지 않다. 그 점을 단적으로 확인할 수 있는 말이 '수혜자'라는 표현이다. 한때 나도 공공기관에서 몸을 담고 일한 적이 있지만, 행정에서는 정책 대상이 되는 사람을 취급할 때 '사람'이라는 말 대신에 '수혜자'라는 말을 너무나 선호한다. 그러나 정책 대상의 '수요자=수혜자'라는 등식은 전혀 성립되지 않는다.

왜 수혜자라는 말이 문제되는가. 이 말은 정책 수요자와 대상자를 소위 '빚쟁이'로 간주하려는 정책 공급자의 시각을 드러내기 때문이다. 이탈리아 자율주의 이론가인 마우리치오 라자라토는 '빚을 진 인간'을 의미하는 호모 데비토르^{Homo} ^{debitor}라는 말을 사용해 수혜자라는 말이 갖는 나쁜 의미들에 대해 역설한다. 그에 따르면, 정책 수혜자라는 말을 사용함으로써 사람들을 빚쟁이로 간주하려는 의식적/무의식적인 경향이 작동한다는 것이다. 쉽게 말해 수혜자라는 말은 '나쁜 언어'라는 것이다. 나쁜 언어로 잘못된 사회를 바꿀 수 있는가? 나는 전혀 그렇게 생각하지 않는다.

나쁜 언어를 바꾸는 힘은 결국 살아 있는 시의 언어라고 생각한다. 오래전 경기도 시흥시 하상동에 위치한 '내일책방'이라는 컨테이너 책방을 방문했을 때, 당시 어느 초등학생이 쓴 시가 떠오른다. 김동현(9세)이라는 아이가 쓴 시였다.

정전아 정전아

게임 겨우 이겼는데

저장하려니 정전되었네

고영직

태초에 행정이 있었다   73

누가 내 마음 알아줄까

누구나 한 번쯤 겪었을 법한 상황을 시로 쓴 것인데, 파블로 네루다의 표현처럼 위의 시는 "나였던 그 아이는 어디 있을까"(『질문의 책』, 문학동네)라는 표현을 상기시킨다. 특히 마지막 행 "누가 내 마음 알아줄까"라는 표현이 예사롭지 않다. 시를 쓴 아이는 "겨우" "게임" 하나 때문에 크나큰 상실감에 빠져 있는데, 어쩌면 '게임 이상의 것'들을 잃고 살아가야 하는(아니, 살아갈 수밖에 없는) 사람들에 대한 동병상련의 마음이랄까 연대의식이랄까 하는 마음이 위 시에서 감지되기 때문이다. 단단한 벽돌이 아니라 말랑말랑한 마음을 가진 위 아이는 시적 감수성을 온전히 지니고 있다고 보아도 좋을 것이다. 그리고 아이의 이러한 말랑말랑한 감성이야말로 슬퍼해야 할 때 슬퍼할 줄 알고, 분노해야 할 때 분노할 줄 아는 시민적 덕성virtu을 구성하는 중요한 요소일 것이다. 아이의 이러한 감수성은 '세계감世界感'이라고 달리 표현할 수 있으며, 세계감은 세계관보다 시민적 덕성을 형성하는 데 있어서 훨씬 중요한 덕목과 자질이 될 수 있다고 나는 생각한다.

그러나 행정의 언어는 마음의 관료주의에 철저히 의존하

려는 경향을 보인다. 마음의 관료주의는 모든 것을 '숫자'와 '이익'으로 취급하려는 마음의 상태에서 비롯한다. 소위 국익을 중시하는 부국강병론에서 비롯한 이 전통은 동서를 막론하고 그 뿌리가 깊다. 맹자가 양혜왕에게 '하필왈리何必日利'(하필이면 이익을 말하십니까?)라고 한 말은 오늘날에도 아직도 여전히 작동하고 있다. 특히 우리나라는 국제통화기금IMF 외환위기 사태 이후 이러한 마음의 관료주의가 갈수록 강화되는 중이라고 할 수 있다. 2019년 '성공'이라는 키워드를 부각시키며 텔레비전 광고를 한 현대자동차의 '더 뉴 그랜저' 광고를 볼 때마다 나는 마음이 몹시 불편해진다. 우리는 코로나19 바이러스가 창궐하는 2020년대에도 '행복'보다는 오로지 나 자신의 '성공'과 '발전'을 더 선호하는 감정 구조를 견고히 형성하는 중이라는 사실 때문이다.

반면에 켄 로치가 연출한 영화 〈나, 다니엘 블레이크〉(2016)는 그런 마음의 불문율에 맞서려는 시적 언어, 예술적 언어의 수행적 힘에 대해 생각하게 한다. 영화에 등장하는 복지부 공무원들의 태도를 보라. 특히 영화 도입부는 행정의 언어에 맞서려는 시적 언어의 힘을 잘 보여주는 명장면이 아닐 수 없다. 꽤 긴 시간 동안 블랙 상태의 화면에서 건조한 문답이 오가는 화면 처리는 행정의 언어가 추구하는 마음의 관료주의가 무엇을 의미하는지 압축적으로 보여준다. 그것은 '개별성의 삭제'이다. 문제는 이러한 행정의 언어가 우리의 일상적 인식과 사고는 물론 무의식의 차원에까지 강력히 작동한다는 점이다. 그리고 국제통화기금 사태 이후 더욱 기승을 부리고 있다.

할머니 내게 구충약 먹일 때

사탕이라고 속였다

나를 속인 것이 아니라 회충을 속였다

에이 약이잖아, 내가 무심코 그랬다간

회충이 잊어먹을 때까지 기다렸다가 먹어야 했다

그땐 미물도 사람 말을 알아들었다

네발 달린 것들에겐 존재하는 것도 예사였다

낮말은 나무가 듣고 밤말은 도깨비가 들었다

산을 보고도 달을 보고도 간곡했다

저승길에도 사자들과 열시왕에게

제물 올리고 읍소하고 굽신거렸다

생각하면 할머니와 나는 종이 다를지도 모른다

크로마뇽인과 네안데르탈인보다 더 다를지도

먹는 것도 사실 소와 사자만큼 다르다

골격도 다르고 직립 방식도 다르다

우리의 현란하고 뒤틀린 문법 때문에

할머니 말을 해석할 수 없게 되었다

무엇보다 다른 점은 나는 손이 두개지만

할머니는 세개였다

할머니에게 말은 또 하나의 손이었다

— 백무산, 「사람의 말」 전문

　백무산의 시는 회충 같은 한낱 미물微物 따위와도 너나들
이하며 '만물이 하나'라는 만물일여萬物一如의 사상을 생활 속
에서 실천하던 시절의 감각과 감수성을 표현한 작품이다. 그
래서 위 시를 마냥 '전근대적인' 감수성이라고 치부하는 것
은 문제가 있다. 마지막 행 "할머니에게 말은 또 하나의 손이
었다"와 같은 도저한 마음 상태는 어떻게 가능한 것일지 발
상의 전환과 일상적 실천이 필요하다. 전 세계적인 팬데믹
pandemic 상황이 된 '코로나19' 시대에 진짜 필요한 감수성은
자연에 대한 우리의 '겸손'과 경외敬畏의 마음이어야 하기 때

문이다.

팬데믹 이후 모든 것이 멈추었다. 산업이 멈추고, 사회가 멈추었으며, 우리 일상 또한 멈추었다. 그러나 우리는 'Business as usual^{평소와 다름없다}'을 여전히 정상 상태로 상정하고, 하루빨리 코로나19 이전의 삶으로 돌아가기에 집착한다. 코로나19 바이러스 같은 사건은 '자연의 역습'에서 비롯한 재난이라는 점을 잊으려 한다. 이 점에서 "할머니와 나는 종이 다를지도 모른다"라는 시적 비유는 이른바 호모 에코노미쿠스^{homo economicus}에 대한 시인의 힐난으로 읽힌다. 위 시는 물론 코로나19 상황을 반영한 것이 아니겠지만, 우리가 지금 겪고 있는 자연의 역습에서 비롯한 사회적 재난은 "우리의 현란하고 뒤틀린 문법"과 무관할 수 없을 것이다. 근대적 문어체의 세계가 아니라 살아 있는 입말^[口語]의 세계로의 언어적 전환을 이루고, 그런 입말의 실체를 채우는 사회적 관계의 변화야말로 우리 사회에서 요구되는 회복탄력성^{resilience}이 아닐까 한다. 전염병에 대한 개인의 면역력을 높이고, 대한민국의 집단 회복력을 높이는 것 또한 그런 관계의 변화에서 가능하리라. 코로나 이후의 삶을 깊이 생각해야 하는 이유가 여기에 있다. 다시 말해 우리가 돌아가야 할 곳은 위 시 속의 "할머니"가 자연의 미물에 대해서도 간절히 '비손'하는 비^非근대적 세계일지 모르겠다.

　이 점에서 백무산 시인은 우리 안의 견고한 동일성의 언어를 깨고 잠재된 독특성을 발굴하며 다른 삶과 다른 사회에 대한 상상력을 위 시의 행간에 부려놓았다고 할 수 있다. 그러나 우리 안의 행정 언어는 '아직도-여전히' 상투적이다. 예를 들어 '녹색성장', '4대강 살리기', '그린 뉴딜', '녹색 자본주의' 같은 말들이 유행하는 사회가 좋은 사회인가? 나는 이런 말들을 들을 때마다 아들 부시 대통령 시절 친환경적으로 폭탄을 만들었다며 홍보하던 미 관료들의 표정이 떠오른다. 그들은 그 폭탄을 '친환경폭탄'이라고 했다. 이른바 '돌려 막기'는 카드만 그런 것이 아니다. 위정자들은 특히 '언어 돌려 막기'를 더 선호한다. 미국 사회학자 크리스천 퍼렌티는 소위 1세계 사회의 안이한 기후 위기 대책에 대해 언급하며 '무장한 구명정의 정치'와 다를 바 없다고 비판했다. 우리가 어떤 '녹색'인지 물어야 하는 것은 어쩌면 너무나 당연하다.

"좋은 언어로 이 세상을 채워야 해요"

　결국, 우리가 사용하는 '언어'가 바뀌어야 한다. 예전에 노

고영직
태초에 행정이 있었다　　　　79

숙인 대상 인문 교육에 참여한 쪽방촌 주민들이 서울역에서 진행된 노숙인들의 합동결혼식장에서, '노숙자 합동결혼식'이라는 플래카드 문구를 보고 매우 불쾌했다고 항변한 적이 있다. 사회적 약자들에게 도움을 준다고 했을 때, 공급자의 관점에서 그 사람들을 수단화하고 대상화한다는 점을 지적한 것이었다. 행정의 언어가 넓은 의미에서 소위 '관용' 프레임에 철저히 갇혀 있는 현상과 관련이 있다. 장애인, 노숙인, 외국인 노동자, 결혼이주여성을 비롯해 사회적 약자들을 대하는 행정의 태도와 언어가 과연 관용 프레임과 무관할까.

시의 언어, 혹은 예술의 언어가 관용 프레임을 넘어 다른 시각과 다른 상상력을 보여주는 언어를 구현해야 할 필요가 있다. 권력과 자본을 향해 무엇인가를 해달라는 '청원請願'을 넘어서는 시적 활동과 예술 활동이 필요한 셈이다. 갈수록 사회 양극화가 심해지고 있지만, 우리나라 행정관료들은 절대로 사회 양극화라는 말을 입에 담지 않는다. 그들은 그런 표현 대신에 '중산층 되살리기'라는 말을 더 선호한다. 문재인 정부의 국정 기조인 '포용국가'라는 말도 마찬가지이다. 포용국가라는 말은 현재 기표만 있을 뿐 기의가 없다. 이 말이 제대로 성립되려면 포용에서 배제되는 사람들이 누구인지에 대한 행정의 철저한 인식과 성찰이 필요한데 그런 노력이 잘 보이지 않는다.

그렇다면 왜 이런 발상이 현실에서 그대로 작동하는가. 언어를 통제하면 우리의 정신을 통제할 수 있다는 행정부의 무의식이 작동하고 있고, 또 실제로 그런 측면이 분명히 있기 때문이다. 그래서 우리가 사용하는 언어가 달라져야 한다고 나는 생각한다. 언어가 바뀌면 우리의 생각이 달라지고, 우리의 생각이 달라지면 우리의 행동이 달라지고, 우리의 행동이 조금 달라지면 우리가 사는 사회의 변화가 시작되는 법이니까. 여기서 말하는 언어를 반드시 시의 언어로 환원해서 이해할 필요는 없을 것 같다.

황정은의 소설 『百의 그림자』(민음사)에는 이러한 현실에 대한 의미 있는 문학적 시도가 등장한다. 작품 속 '무재 씨'와 '나'는 세운상가쯤으로 추정되는 장소를 거닐며 대화를 나눈다. 두 사람은 "차라리 그냥 가난하다면 모를까ー. 슬럼이라고 부르는 것이 마땅치 않은 듯해서 생각을 하다 보니 이런 생각이 들었어요./ 라고 무재씨는 말했다./ 언제고 밀어버려야 할 구역인데, 누군가의 생계나 생활계,라고 말하면 생각할 것이 너무 많아지니까, 슬럼,이라고 간단하게 정리해버리는 것이 아닐까"라는 공통된 인식에 도달한다.

작가 황정은이 포착한 위의 인식은 '슬럼'이라는 말로 사람들의 '생계'나 '생활계'를 끝없이 지워버리려는 국가와 자본의 시도들에 대해 다른 상상력을 연상시키는 힘으로 작용한다. 최근 들어 행정의 언어는 슬럼이라는 말 대신에 도시재생 혹은 문화적 도시재생, 문화도시라는 말을 우리 앞에 던져놓는다. 그러나 본질은 특정한 지역의 '터 무늬'를 지우는 재개발과 크게 다르지 않다는 점을 우리는 잘 알고 있다. 정책사업으로 추진되는 문화도시에 과연 '문화'가 있는가 하는 의문이 드는 것은 나만의 억측은 아닐 것이다. 이런 상황에서 시와 예술이 수행하려는 힘은 바로 '되기^{becoming}'의 처지에 선다는 것을 의미한다고 나는 생각한다. 나는 이 의미가 작지 않다고 생각하는 편이다. 쉽게 말해 히틀러가 독일 국민과 공모해 600만 명의 유태인을 죽인 사건을 바라볼 때, 이 사건은 600만 명을 죽인 하나의 사건이 아니라, 저마다 소중한 생명을 가진 한 사람 한 사람을 죽인 600만 개의 사건으로 이해하려는 인식의 전환과 마음의 태도를 의미하는 것이다. 다시 말해 하나의 사건으로 추상화해서는 결코 안되는 개별성을 섬세히 이해하려는 태도가 중요하다. 히틀러가 '아우슈비츠 수용소에 수감된 유태인을 죽이라'는 명령을 표현한 말이 바로 "유태인 문제의 최종적 해결$^{Endlosung der Judenfrage}$"이었다는 점은 잘 알려진 사실이다. 누가 이 말을 듣고서 사람들을 죽이라는 명령으로 이해할 수 있었겠는가. 이것이 바로 행정의 언어가 구사하는 언어 돌려 막기의 본질이고, 그 속에 내장된 끔찍한 비극성이라고 할 수 있다. 조지오웰이 『1984』나 『동물농장』 같은 작품에서 비판한 지배 권력자들의 '뉴스피크^{Newspeak}'식 언어는 아직도 여전히 행정의 영역에서 위력을 발휘하는 중이라고 보아야 할 것이다.

'레토릭 자체가 메시지'라는 인식의 전환이 필요한 게 아닐까? 수년 전에 방한한 프랑스 철학자 알랭 바디우가 프랑스 다문화정책을 비판하며 제시한 간단명료한 슬로건, "여기 살면 여기 사람"은 좋은 예다. 그럼에도 불구하고 행정의 언어는 우리 사는 현실에서 큰 힘을 발휘한다. 경제학자 앨버트 허슈먼이 『보수는 어떻게 지배하는가?』(지식하우스)에서 역설한 것처럼 행정의 언어는 역효과 명제, 무용 명제, 위협 명제라는 무기를 탑재한 채 살아 있는 시의 언어 또는 예술의 언어를 압살하려고 할지 모른다. 그리고 그런 위협이 우리 사회에서 실제로 얼마나 큰 힘을 발휘해왔는지 우리는 잘 알고 있다. '너 누구 편이야? 빨갱이지?'라는 위협 명제가 우리 사회에서 어떻게 작동했는지를 따로 설명할 필요 없으리라.

'태초에 행정이 있었다'는 식의 행정 논리가 전일적으로 지배하는 사회는 좋은 사회가 결코 아니다. 이 사실은 불변의 진리이다. 나는 특정 종교를 믿지 않지만, "태초에 말씀이 계시니라"(요한복음 1장 1절)라고 할 때 '말씀'이라는 표현이 어쩌면 시의 언어 같은 '영빨' 있는 말씀을 지칭하는 것이 아닐까 혼자 멋대로 생각하곤 한다. 말의 타락 현상이 갈수록 심해지는 '지금 여기' 대한민국에서 깊은 심심함의 언어가 문득 더 그리워진다.

이 글을 마치며, 외국의 한 교도소에서 진행한 교정 프로그램이 떠오른다. 살인, 강도 같은 중범죄자들을 대상으로 교도소 앞마당에 캠프를 차리고 밤하늘에 떠 있는 별을 바라보게 하는 프로그램이었다고 한다. 그랬더니 교도소 중범죄자들 중 다수가 눈물을 흘리며 자신의 과오를 자책하고 후회하더라는 것이다. 그들은 윤동주의 시 「별 헤는 밤」 같은 깊은 심심함의 감정을 온몸으로 체득한 것일까. 학력, 능력, 역량 강화 사회에 살고 있는 우리는 숫자로 표상되는 정형적 사고에 익숙해져 '학력 신수설' 혹은 '재산 신수설'을 신봉하지만, 무엇이 잘 사는 마음의 힘으로 작동하는지 사유하고 제대로 행동하는 법을 잃어버린 것이 아닌가 생각하게 된다. 그런 탓일까. 성북문화재단이 주최한 문인사 기획전5 〈신동엽 : 때는 와요〉(2019)에서 관람한 시인 신동엽의 「좋은 언어」라는 구절이 쉽게 잊히지 않는다. "좋은 언어로 이 세상을/ 채워야 해요". 전시회 제목처럼, '때는 와요'라고 나는 생각하지만, 그 '때'가 저절로 온다고 믿지 않는다. 코로나19 이후 우리 시가 일상의 혁명을 꾀하며, 조금 더 '파토스' 있는 정동을 연출해야 하는 것 아닌가 싶다.

아직 없는 이름, 당사자

엄문희

언어 전쟁

세월호 참사가 있던 다음 해 가을이었다. 광화문광장에서 한 무리의 노인들에게 언어맞은 적이 있다. 대낮에 서울 세종로 복판에서 처음 보는 사람들에게 머리끄덩이를 잡힐 거라곤 상상도 못 했다. 당시 종로경찰서에서 진술했던 것처럼, 내가 폭행당하기 직전에 들었던 말은 "저 노란 미친년 잡아!"였다. 국정교과서 찬성을 외치던 그들에게 내 가슴에 달린 노란색 세월호 리본이 문제가 되었다. 손목을 비틀어 카메라를 빼앗아가던 목소리들은 내게 '빨갱이'를 퍼부었다. 내게는 비현실적인 이름이라 무감했던 것이었으나 여전히 그런 이름들이 집단적 행위를 추동하는 데는 유효하단 걸 알았다.

강정마을에 살고부터 본격적인 호명 릴레이가 시작됐다. 제일 먼저 '지킴이'가 되었고, '활동가'로 불렸다. '이주민'이 되었고 '외부 세력', '전문 시위꾼'으로 통했다. 호명되는 이름만큼이나 새롭게 들리기 시작한 이름도 생겼다. 바로 '주민'이었다. 몇 년 사이 이 말에 가슴이 먹먹해지는 사람이 되었다. 그래서 '마을'은 누구의 것인가를 질문하게 되었다. 우리는 과연 '우리'인가를 물어야 하는 순간이 왔다. '당사자'도 그러했다. 제주에 살게 되면서 4·3항쟁을 고민하게 됐고 그 과정에서 가장 마음 아픈 이름을 만났다. 바로 '양민'이었다. 국가가 호명하는 그 이름 앞에 수치심으로 몸을 떨고 난 후 '폭도'가 되기로 했다.

강정마을 주민

어떤 자리에서 내 소개나 첫인사를 하게 될 때 많은 말을 하지 않아도 된다. "강정마을에서 살고 있습니다"라고 하면 다른 말이 필요 없는 분위기가 된다. 강정은 이제 '어떤 마을의 이름'이기도 하지만 '어떤 일을 말하기 위해 불러야 하는 이름'이 되었다. 강정이 어떤 곳인가? 국가가 이해하기 어려울 만큼 무리하게 힘을 총동원해서 '안 되는 일을 기어이 해 버린' 곳이며, 그 과정에서 마을공동체와 제주 사회에 심각한 내상을 남긴 곳 아니던가? 이제 이곳에서 국가의 권위란 '처음부터 없던 이름'으로 전락한 지 오래다. 볕 좋고 물 많아 제주에서 가장 먼저 벼농사를 시작해 '제1강정'이었던 마을이 이제는 '제2의 4·3'으로 불린다. 폭력은 또 다른 폭력을 필연적으로 불러왔다. 멈추기엔 너무 멀리 와버렸다. 국가도, 마을도.

그랬다. 말 많고 일 많았던 해군기지가 완공되었다고 함포를 터뜨리며 문을 열던 그날, 2016년 2월 26일에 마을에 집을 얻었다. 2011년 5월 1일 노동절 휴가로 제주에 여행 와서 걷다가 처음 만난 곳이 강정인 탓이다. 여행은 끝났지만, 그날 일이 잊히지 않아 강정 소식에 뒤척이는 사람이 되었다. 그렇게 나는 지금 강정에 산다. 이미 해군기지가 완공되었는데 왜 이제 가느냐는 질문을 받았다. 당사자도 아닌데 왜 다 끝난 마당에 와서 이렇게 사느냐는 질문도 당연히 있다. "얼마 받고 이 짓 하니?" 이런 질문도 있었다. 나 자신도 여러 번 물었다. 나는 왜 지금 여기 (살고) 있을까.

지금 여기 살고 있지만 '주민'이냐고 물으면 머뭇거린다. 질문도 이상하고 대답 못 하는 나도 이상하다. 함께 사는 시간이 쌓이면서 나를 당연히 강정마을 주민이라고 소개하지만 그건 나만이 불러주는 이름일 뿐이다. 그러다 2019년 1월엔 마을총회 결정으로 아예 '주민이 아니다'라는 통고를 받아야 했다. 어찌 됐건 옆집 사는 삼촌들 때문에 '주민'이라는 이름과 공동체 구성원의 기본적 지위를 박탈당할 거라고 누가 상상이나 할 수 있을까? 그런 날들을 거쳐오며 내 정체성은 '인류'로 비약하고 말았지만, 어쩔 수 없이 눈물이 난다. 대체 주민이 뭐라고.

강정에 와서 '주민 되기'를 고민한 것, 이것은 내게 엄청난 전환점이 되었다. 이전엔 주민이라는 말을 고민해본 적 없었다. 내가 사는 곳의 주민이라는 것에 질문은 필요가 없었기 때문이다. 집값 따라서 이주했고 교통편을 고민하는 정도였다. 그리고 그 동네로 전입신고를 마치면 곧바로 주민이 되었다. 그러나 지금은 '주민 되기'의 문제가 내 일상의 중요한 부분이 되었다. 강정에서 '주민'이 된다'는 의미는 내가 누구인지 정의하고, 어떻게 살 것인지를 결정하는 일이었다. 강정마을에 와서 산다는 것 자체가 이제까지 주민이 되는 방식과 달랐다. 여기 와서 살겠다는 것은, 어떤 일을 내 문제로 껴안고 싸우겠다는 결정이기도 했다. 그것은 이제까지의 삶과는 어느 만큼의 결별이었다. 이전에도 항상 주민이었지만 이제 와 생각해보면 어떤 면에선 한 번도 주민이었던 적이 없다. 지금 나에게 '주민 되기'는 '당사자성'에 관한 문제다. 언제부턴가 '주민'이라는 이름은 정부 권력에 의해 임의로 호명되기 때문이다. 이때 권력은 '주민'에게 '당사자'라는 지위를 주고 저항의 연대에서 고립시킨다.

이렇게 '주민 되기'를 고민하는 생각 한편에선 이미 '마을'

이 사라진 시대에 살고 있다는 자각이 있다. 어쩌면 마을이라는 공동체를 가진 인류는 별로 남아 있지 않을 것 같다. 전통적으로 마을은 정신적·물질적 공동체성 테두리를 공유한 집단이었고 국가로부터 일정 부분 독립적인 단위였다. 향약을 인정한 것도 오랜 시간 공동체의 형편에 따라 조정되어온 경험과 가치가 법보다 설득력이 있기 때문이었다. 그러나 그런 가치를 공유하는 마을은 이제 찾아보기 어렵다. 이제 마을은 근대적인 국가권력에 포섭된 최말단 행정기구나 다름없는 구조 속에서 오래전부터 국가의 개발 담론 전략에 포획되어 있다.

그 한 예로 주민 권력이 집중된 '개발위원회里洞開發委員會'는 박정희 정권이 새마을운동을 추진하면서 국가 시책을 리里 단위까지 일관성 있게 침투시키기 위해 만들어낸 마을 기구다. 현재까지도 마을 단위의 각종 개발 사업에 권한을 행사하는 권력 기구로 건재하다. 국가주의를 내면화한 마을 구조는 내부 민주주의를 지속적으로 훼손했고, 국가의 개발사업을 지원하기 위해 자가 동원하게 되었다. 가장 큰 문제는 국가의 척도와 가치가 내면화되어 나타날 때 그 실행 주체들의 권력은 국가를 대행하게 된다는 사실이다. 국가적 폭력은 이제 소규모 개발 현장에서 마을을 통해 생산된다. 그래서 실은 국가를 대행하는 마을이 생산하는 혐오들을 어떻게 막을 것인가가 앞으로 올 문제의 핵심이며, 마을이라는 집단이 민주주의를 사고하고 실현하는 과정에서 이러한 역사적 유래를 가진 낡은 조직의 힘 논리에 어떻게 대응하고 관계를 맺을 것인가가 다가올 싸움의 승부수가 될 것이다.

국가의 일원이나 국민이 아닌 자들,
마을에 거주하나 주민이 아닌 이들

2018년 2월 26일(강정해군기지 준공 2주년 날)의 일이다. 해군본부 국제관함식 기획단으로부터 국제관함식 행사 계획 설명회 안내문이 왔다. 3월에 해군본부 국제관함식 기획단장과 제주기지전대장 등이 마을회관에서 국제관함식 행사 계획을 설명했다. 관함식 기획단장은 "제주 해군기지 건설 과정에서 발생한 민군 갈등 해소 등을 이유로 제주서 하게 되었고 마을 차원에서 반대하면 부산으로 가겠다"라고 했다. 민군 갈등 해소를 이유로 강정에서 해군이 국제관함식을 하겠다는 이야기 자체가 마을엔 조롱이었다. 처음엔 해군의 요청조차 받지 않으려고 했으나 마을회는 임시총회를 열어 주민의 의견을 확인했다. 긴 토론 끝에 마을은 '국제관함식 유치 반대' 결론을 내렸다. 해군기지 유치 과정에서 과도한 폭력을 일삼은 정부와 해군이 대규모 해군 행사를 통해 마을의 상처를 치유한다는 발상을 받아들일 수 없었고, 무엇보다 강정마을이 해군기지나 국제관함식을 결정할 '당사자가 아니'라는 것이었다. 해군기지가 육상으로부터는 강정에 주소를 두고 있지만, 군사기지나 관함식이 미칠 영향은 마을을 넘어서는 일이다. 그러므로 이 일은 강정마을이 결정할 수 없으며, 이런 제안 자체가 기만이라는 취지였다.

이렇게 문제는 우리 손을 떠나는가 싶었다. 그러나 해군 측은 '의견을 물었을 뿐'이라면서 마을의 결정이 해군에게 어떤 영향도 줄 수 없다고 본색을 드러냈다. 이미 예감하고 있었다. 정부와 해군이 멈출 리 없다는 것을. 그리고 슬픈 예감은 현실이 되었다. 문재인 정부와 해군은 여름 동안 마을을 수차례 방문해 회유하고 제주도의회에 영향력을 행사했다. 그 결과 마을의 재투표를 성사시켰고, 재투표를 부당하게 여긴 주민들의 투표 거부 속에서 기어이 찬성을 받아갔다. 마을은 그 일로 돌이킬 수 없는 갈등의 역사를 다시 시작하게 됐다.

미군의 핵항공모함이 떠나자 강정마을회는 향약 개정을

준비하기 시작했다. 향약을 개정하는 목적은 "마을의 구조가 다변화되고 주민의 증가 등으로, 향후 마을의 자치권을 강화하고 공동체 회복사업 등으로 인한 혜택 및 수익 사업이 원활히 이뤄졌을 때, 공동의 분배 또는 혜택 등의 권익을 지켜 나가기 위해서는 향약을 개정해서라도 일부 주민의 자격을 제한해야 할 필요성이 있다"라는 것이었다. 그렇게 해서 마을에서 살기 시작한 지 5년 지나면 향약상 주민이 되었던 것이 '최초 본적지 및 주소지를 두고 거주한 기간이 10년 이상인 주민과 그 배우자 및 자녀, 2007년 1월 이전부터 현재까지 마을에 주소를 두고 거주하고 있는 주민과 배우자 및 자녀'만이 주민으로 인정되었다.

여기서 '2007년'은 해군기지 문제가 불거진 해다. 누구를 마을에서 뽑아내려고 했는지 명확했다. 그 개정에 따라 2007년 이후에 마을로 전입한 사람은 모두 일순간 주민권을 박탈당했다. 이로써 현행 강정마을 향약은 해군기지 문제 이후 마을로 들어온 자는 영원히 마을 주민이 될 수 없고 본적지를 둔 자와 그 자녀들에게만 세습되는 일종의 신분제가 되었다. 강정마을회는 매우 영민하게도 마을의 전통적 가치가 집약된 향약이라는 제도를 이용해 효과적으로 주민 일부를 '외부화'하는 데 성공했다.

이미 오래전부터 '외부 세력'으로 불렸기 때문에 슬프지 않았다. 그렇게 믿었다. 2019년 1월 30일, 밤이었다. 주민의 이름을 빼앗긴 사람들은 술 마실 기운도 없어 각자의 거처로 흩어졌다. 집에 돌아와 무슨 생각에선지 구글 지도를 열었다. 제주도 남쪽, 강정이라는 마을을 찾았다. 어딘가 아무 데나 클릭해 뷰를 열었다. 회색 해군기지 공사장 울타리 앞에 노란 깃발이 전봇대에 꽁꽁 묶인 거리 장면이 모니터에 떴다. 그대로 엎드려 펑펑 울었다. 그 밤은 모두에게 그렇게 길었다고 한다.

가공된 외부, '외부 세력'

관함식이 열리기 한 달 전 여름이었다. 비자림로 삼나무 숲 벌목 문제가 언론에 알려진 후 시민들의 항의로 공사가 중단되었다. 잘려 나간 숲의 이미지는 사람들을 충격에 빠뜨렸다. 그것은 우리 앞에 도달한 위기를 실감하게 하는 '거대한 서사'였다. 시민들이 뭐라도 해보려고 그 숲에서 제주 난개발에 저항하는 문화제를 열었다. 그러자 비자림로 인근 송당 주민이라고 밝힌 사람들이 대형 덤프트럭 여러 대를 몰고 나타났다. 그들은 문화제 장소를 둘러싸고 경적을 울리며 사람들을 쫓아냈다. 때는 문화제에 앞서 음식을 나누던 오후였다. 그 자리엔 아이들도 많았다. 그날 숲은 '주민'과 '시민'이 양립하는 다른 세계인 것처럼 보였다. 나는 귀를 틀어막고 밥을 먹는 내 아이의 접시 위로 덤프트럭 새까만 매연이 안개처럼 내려앉는 것을 보았다. 사람들이 울기 시작했다. 절망으로 포효하며 아이를 안고 숲에서 나오며 복수를 다짐했다. 오늘 이 광경을 만든 '과거'를 꼭 찾아내겠다고 이를 갈았다.

사실 이 광경은 이제껏 저 개발주의가 만든 '당사자'들이 자기 존재감을 과시하는 장면이기도 했다. 시민들을 숲에서 쫓아내던 사람들은 자신들을 '주민'이라 소개했고, 시민들을 '외부 세력'으로 호명했다. 열심히 싸울 것 같았던 시민들은 바로 이 외부 세력이라는 한마디에 일망타진되고 말았다. 모두 비자림로 숲의 문제를 자기 문제로 껴안고 찾아온 사람들이었지만 결국 '주민'의 턱은 넘지 못했다. 울면서 숲을 떠났다. 문화제 취재를 위해 그 자리에 있던 언론이 많았지만, 이 장면을 보도한 언론은 많지 않았다.

마을에서 쫓겨나고, 숲에서도 쫓겨난 사람들은 결국 관청 앞으로 갔다. 제주도청 앞에 천막을 세우고 공항 문제에 반

대해 싸웠다. 강정 해군기지나 비자림로 숲 파괴나 화산섬 제주에 두 번째 공항을 짓겠다는 발상 모두는 하나의 서사 안에 있었다. 그 이야기를 하기 위해 공공의 책임을 묻고자 제주도청 앞에 농성 천막을 친 것이다. 그러나 이 싸움의 주체들 가운데 상당수가 최근 제주로 이주한 사람들인 것이 문제가 됐다. 도청 앞에서 만난 제주시의 한 국회의원은 "공항 문제에 적극적으로 임해달라"는 시민의 항의에 "이쪽은 제주 사람 같은데 당신은 아닌 것 같다"며 "나 한테 왜 따지는 것인가?" 하면서 역정을 냈다. 단식하는 성산 주민의 천막 등을 강제 철거한 것에 대한 제주 도정의 유감 표명은 성산 주민에게만 한한 것이었다. 허락되는 싸움과 허락되지 않는 싸움, 싸움의 자격이 거기 있었다. 강정 해군기지 문제로 함께 싸웠던 고희범 제주시장 역시 우리의 항의에 이렇게 대답했다.

"한 우주가 깃들어 있는 성산 주민 김경배의 천막을 철거한 것은 마음 아프다. 그러나 함께 대집행의 폭력을 겪은 다른 천막들은 김경배의 것과 다른 것이다."

제주에 와서 자주 듣는 말 중의 하나가 바로 '이주민'이었다. 그 말만큼이나 '원주민'이라는 말도 만났다. '건너온 주민'이라는 뜻의 '이주민'을 굳이 제주 사회가 일반적으로 사용할 수 있었던 근거는 무엇일까? 오랜 시간 제주를 터전으로 살아온 사람만이 체득한 전통과 가치에 대한 존중에서 출발한 이름이길 바랐다. 그러나 제주 태생의 부모를 둔 이는 그 자신이 제주에서 태어나지 않았더라도 '제주 사람'이 되었다. 그렇다면 '원주민과 이주민의 경계'는 과연 무엇인가? 40년을 살아도 이주민 취급당한다는 사람이 있는가 하면 한편, 제주 밖에서 태어나 대학 졸업하고 마흔 살에 제주로 온 어떤 사람은 그의 부모가 제주에서 태어난 사람이라 제주 사람으로 불린다는 것은 무엇을 뜻하는가?

사실 '제주 사람'이라는 명칭에 대한 사회적 합의 내용은 발견하지 못했다. 그러나 이 이름이 많이 호명되는 때는 안다. 이 말, '제주 사람'은 '찬성'과 '반대' 의견이 각축하는 국가적 사업이나 정치적 공론의 장에서 주로 공권력이 상대를 제압하는 데 사용되는 언어라는 것이다. 논의 이전에 자격을 묻는 이름이었다. 상대에게서 메시지를 듣기 전에 그가 메신저가 될 수 있는가를 묻고 그 표준을 정하는 행위였다. 한마디로 폭력이다.

2019년 11월 20일 열린 제주도의회 제378회 2차 정례회 4차 본회의에서 진행된 도정질문에서 서귀포시 송산·효돈·영천동 의원 강충룡(바른미래당)은 제주 제2공항을 반대하는 사람들을 '반대 전문가'로 호명하며 "제2공항 반대하는 이주민은 제주도를 떠나달라"고 말했다. 심지어 그는 "이들이 제주도를 위한다고 생각하지 않는다"고 했다. 강 의원의 발언은 그가 호명한 소위 '이주민'뿐 아니라 짐짓 그가 보호하려던 '제주 사람'들은 물론 공공의 책임까지 훼손시키는 말이었다. 국가공동체적 사업을 앞에 놓고 누군가에게 '제주 사람'인지 여부를 따지는 것은 운동의 당사자를 한정시키려는 물음일 뿐 아니라, 그의 말대로 육지에서 온 전문 시위꾼으로 구성된 외부 세력이 없다면 대다수의 제주 사람은 결코 반대하지 않을(반대 운동에 나서지 않을) 것이라는 선입견을 전제하고 있는 물음이기 때문이다.

'당신은 제주 사람인가?'라는 질문은 그간 공권력이 공공의 무능과 무책임을 회피하기 위해 '적극적으로 질문하는 시민을 불순하거나 함량 미달의 존재로 만들어 문제 바깥으로 외부화'시켰던 것을 환기시켰고, 공인인 자가 시민을 분류해서 이런 배제의 언어를 사용해 '대답할 필요가 없는 사람', '도민 아닌 도민'을 생산하는 일이 가능하다는 것을 알렸다. 이 방식은 상대와 대화하지 않겠다는 말이고, 그 대화하지 않을 권력이 자신에게 있다는 것을 알리는 일이었다. 이 정도면 협박이다.

'제주 사람'이라는 말에서도 설명되듯, 생득적 지위를 넘어서 세습적 테두리까지 설정하는 제주 사회의 특성을 4·3에서 찾기도 한다(제주에서 4·3은 모든 문제의 출발이면서 정치적 소실점이라고 생각한다). 학살에서 살아남은 이들에게 '타인'은 호기심의 대상이 아니라 두려움의 대상이라고 한다. 학살을 겪어낸 섬사람들의 생존 본능이 생활 곳곳에 암묵적 장치를 두었다고도 말한다. 그런데 이 말은 '타인'이라는 호명이 학살을 정당화하는 도구였다는 것을 은폐한다. 예비검속으로 사람이 죽었고 일방적인 선 밖으로 내몰린 사람들은 무장대나 폭도로 분류되어 초토화의 시련을 겪었다. 그 예비검속의 기제機制가 오늘날 제주 사람이고, 외부 세력이고, 전문 시위꾼이고, 빨갱이이다. 그런데, 더 중요한 것이 있다. 지금 그 말을 누가, 어떤 이유로 사용하는가이다. 그 이름들이 무슨 일을 하는가이다.

무고한 양민과 순수한 시민

에드워드 사이드는 식민 지배자들이 자신들의 권위와 통치를 정당화하기 위해 늘 열등한 '타자the Other'를 필요로 한다고 했다. 열등한 상대를 통해 우월감을 확보함으로써 지배를 정당화할 수 있고 의견을 무시하거나 희생시키는 것까지 정당해진다. 국가적 사안을 해당 지역에 거주하는 피해 당사자만의 일로 고립시켜 분할통치하고, 질문하는 시민들을 非국민으로 몰아 타자화하는 것은 국민을 선동으로 속일 수 있는 열등한 대상으로 보는 국가의 우월감에서 비롯되는 '타자화'의 광경이다. 그러므로 국가에 의한 일방적 호명은 '타자화 전략'이며 '식민'의 문제다. 그래서 순수한 시민 같은 '순수성 강박'처럼 국가가 선호하는 시민상을 획득해두려는 것은 더욱 단단하고 촘촘한 방식으로 우리 자신을 호명에 종속시키는 일이다. 국가나 사회의 문제를 오직 호명된 당사자의 문제로 뒤바꾸는 데 동조함으로써 사회적 인간의 핵심 가치이자 동력인 '우리'에 대한 감각과 '우리 모두의 것the common'에 대한 가능성을 함께 말살하는 일이다. 그렇다면 우리는 어떻게 해서 호명에서 벗어날 수 있을까? 어떻게 해야 주체로서 독립할 수 있을까?

　　"70년 전 이곳 제주에서 무고한 양민들이 이념의 이름으로 희생당했습니다. 이념이란 것을 알지 못해도 도둑 없고, 거지 없고, 대문도 없이 함께 행복할 수 있었던 죄 없는 양민들이 영문도 모른 채 학살을 당했습니다."

—2018년 4월 3일 제주 4·3항쟁 70주년 추념식 대통령 추념사 중에서

문재인 정부 들어 줄곧 4·3항쟁 추념사는 당사자를 당시 목숨을 잃은 사람들과 남겨진 유족들로 국한하며 '양민'으로 호명했다. 가해 당사자가 진실 규명의 당사자가 되면서 상생을 위한 화해를 발신하고 있다. 국가가 국민을 '양민'이라 칭하는 것이야말로 4·3이 제주 사회에 여전히 '현재'적이고 '현실'적인 문제로 존재한다는 증거다. 질문을 정당화하는 것을 넘어서 더욱 확장하고 심지어 폭발시킬 수도 있는 도화선이 그 이름 안에 있다는 것을 알고 그 잠재성을 두려워하는 것이다. 그래서 발본 가능한 질문을 과제로 가져야 한다. 그것이 4·3을 국가적 승인이라는 틀 안에서 박제화되지 않고 제주 사회에서 실재적으로 살아 있게 만드는 일이다.

지금과 같은 개발 추세가 한동안 지속될 것이 분명한 상황에서 앞으로도 분명 존재할 운동 주체들의 '당사자 되기'를 가능하게 할 수 있는 것도 바로 이 잠재성에 있다. 그러나 역사적 유래를 정면으로 응시하지 않고 국가의 정체와 정통을 묻는 것을 두려워하게 되면 우리는 우리 자신에 의해 다시 한번 절멸되고 말 것이다. 외부 세력이나 빨갱이라는 이름이

언어 전쟁

역사적 유물로 퇴락하는 사이 새롭게 발굴된 이름이 '양민'이다. 바로 '순수한 시민'이다.

양민. 제주도민을 아무것도 모르고 당한 사람들로 호명했던 문재인 대통령은 4·3 추념식이 있었던 그해 가을, 다시 강정에 왔다. 강정 해군기지 강행으로 삶을 빼앗긴 사람들은 '제주 사람' 아닌 사람들은 대통령이 마을회에 사과하던 그 건물 밖에서 경찰에 가로막혀 눈물을 흘렸다. '순수한 시민'이 아니었던 사람들은 사과받을 자격이 없었기 때문이다. 그 시각, 강정 바다로 미군의 핵항공모함이 유유히 들어왔다.

호명되는 타자들

국가적 사안을 논하는 과정마다 국가는 손쉽게 외부자를 색출해낸다. 국가의 일원이나 국민이 아닌 자들과 마을에 거주하나 주민이 아닌 자들이 이 시기에 대량 생산된다. 이때 가장 유효한 방법이 이름을 부르는 것이었다. 사업의 영향권을 그 사업이 시행되는 땅덩어리로 한정하는 것이다. 국가는 '주민'이라는 이름을 앞세워 마치 국책사업으로 인한 피해가 그곳에 살고 있는 사람들만의 일인 것처럼 프레임을 덧씌워

'당사자'를 최소 규모로 분리해내고 외부 세력이라는 가공된 집단을 만들어 낙인찍었다. 그리고 이 방법은 계속 성공하고 있다.

실은 강정 해군기지도 이렇게 지어졌다. 강정의 해군기지는 대양해군과 민군복합형관광미항이라는 다층의 슬로건을 내걸었던 국가공동체의 사안 임에도 불구하고 권력이 호명한 당사자는 대한민국도 아니었고 제주도 아니었다. 심지어 강정 전체도 아니었다. 해군이 사전 포섭한 당사자들은 강정 어촌계였다. 뒤이어 사실을 알고 달려온 주민들이나 지역사회 사람들 모두 당사자성을 갖지 못했다. 오랜 시간 비슷한 문제를 연구하고 질문해온 시민들 가운데 누구도 강정 주민의 당사자성과 최소한의 대등성을 만들어낸 이는 없었다. 그것은 내부의 인식도 크게 다르지 않았다. 그 일을 겪고도 여전히 권력이 호명한 범위 바깥 사람들은 당사자성을 상상하지 못한다. 오히려 스스로 '순수를 증명' 하기에 이르렀다. 의견이나 발언의 정당성을 위해 검열하는 이름이 만들어졌다. '순수한 시민', '일반 시민'은 그렇게 태어났다.

이러한 결과가 권력의 낙인에 대한 공포 때문이든 정치와 운동에 대한 불신이든, 또는 이기기 위한 전술이건 간에 근본적인 차원에선 기존의 당사자성 경로에 의존하고 있음을 시사한다. 발언에 '무엇을' 담을 것인가 보다(만큼이나) '어떻게' 말할 것인가, '누가' 말해야 (공격받지 않을 것인가) 하는가를 고민하고 서로 따진다. 폭력, 비폭력의 문제가 단지 현장의 태도만을 가리키는 일도 생겨난다. 그러다 보니 동료 시민을 타자화하고, '자연을 대상화'하는 일이 비일비재하다. 분리 혹은 배제의 경험을 거듭하면서 스스로 식민지로 전락하고 있다. 다수의 시민이 제국주의 이데올로기가 호명하는 대로 움직이고 있다. 착한 시민들은 집회 도중 차벽을 만든 경찰 버스에 붙인 스티커를 깔끔히 떼고 가는 것을 자랑스러워하게 됐다. 운동권이라는 이유로 학내 투쟁에서 축출되고 세월호 팔찌, 메갈리아 셔츠까지 금지되기도 했다. 세월호 유가족들을 향해 '순수성'을 따지던 집권권력에 분노하며 역사적으로 그 말이 만들어내는 위험을 인지하면서도 동시에 내면화했던 것 같다.

주어진 이름을 반납하라

이름에서 벗어나기 위해 이름은 해체되어 쓸모가 폐기되어야 한다. 구체적으로는 시민을 무시하고 기만하면서 국책

엄문희
아직 없는 이름, 당사자   107

사업을 강행할 수는 없다는 감성, 권력에 의한 당사자성의 규정은 특정 지역 주민만을 해당 사회문제의 당사자로 규정하는 것으로서 주민의 분열을 낳으려는 논리에 지나지 않는다는 그리고 이 당사자만을 회유와 (소정의) 보상으로 삼아 국책사업을 강행하려는 논리에 지나지 않는다는 감성, 일견 특정 지역의 문제인 것처럼 보이지만 실은 '선' 그어진 지역만의 문제가 아니라 우리 모두의 가치와 변화라는 문제와 연결되어 있으며 이런 점에서 인간의 '자기결정권' 회복이 요구된다는 감성의 변화를 낳는 것이다. 이것이야말로 미래와 관련하여 그 이전으로는 돌아갈 수 없는 발본적 변화를 끌어내비가역적인 지점을 만들어내는 일이다. 인간은 '주체 되기'의 경험 속에서 진정한 당사자로 독립할 수 있을 뿐만 아니라 나 아닌 다른 존재들의 당사자성을 받아들이며 진정한 조화를 고민하게 될 것이다.

어떤 밤이었다. 제주, 비자림로 사건이 있었다. 사진 한 장의 충격이 컸다. 그 숲의 파괴는 단지 그 숲의 파괴에 그치지 않았다. 처음 있는 일도, 가장 심각한 일도 아니었다. 그러나 더는 물러설 곳 없는 때가 온 것을 알아차렸다. 그 숲을 지키는 일은 여기까지 거쳐온 많은 과거와 다시 싸우는 일이었다. 시민들이 숲에다 집을 가져다 놓았다. 점거였다. 그 집에서 몇 번을 잤다. 그날은 그 삼나무 숲 첫 밤이었다. 밤새 거센 비가 쏟아졌다. 얇고 작은 텐트 안에서 웅크린 채 비가 그치기를 기다렸다. 그것 외에 다른 방법도, 할 수 있는 일도 없었다. 긴 시간이 흐르고 비가 그쳤다. 세상이 조용해졌다. 숲은 적막했다. 그런 줄 알았다. 그 밤에 나는 생전 들어본 적 없는 엄청난 아니 많은 소리를 만났다. 네발 달린 짐승의 소리인지, 새인지, 다른 시간의 차원에서 방문한 음성인지 알수 없었다. 텐트 바로 옆에서도 났고, 나무 꼭대기, 등 뒤로 펼쳐진 긴 숲의 끝에서, 하늘 위에서, 멀리 오름에서도 났다. 너무 많은 목소리가 그 숲에 있었다. 그 숲엔 삼나무만 있지 않았다. 나는 불쑥 무서움에 몸을 떨었다. 이 많은 목소리는 누구인가? 어디에 있었나? 가장 무서운 건, 그들은 앞으로 자신에게 닥칠 일을 모르고 있다는 것이었다. 그리고 나는 그 사실을 알고 있다는 것이었다. 그러니 나는 앞으로 일어날 일에 나의 혐의를 부정할 수 없게 됐다. 두렵던 그 밤, 내가할 수 있는 일이라곤 내 등 뒤로 길고 깊은 숲에서 '목소리'가 '몸'을 끌고 나타나기를 바라는 것뿐이었다.

2018년 겨울, 제주도청 앞에 마을 하나가 생겼다. 마을에서 쫓겨나고, 숲에서도 쫓겨난 사람들은 결국 관청 앞으로가서 마을을 만들었다. 천막촌이었다. 제주에서 일어나는 난

개발과 제2공항 문제를 자신의 것으로 끌어안은 사람들은 이제까지 당사자가 될 수 없던 권력의 호명을 걷어찼다. 그 사이 '몸 없는 목소리' 혹은 '아직 없는 존재들의 정치'라는 말이 나타나기 시작했다. 역사학자 후지이 다케시는 미래를 꿈꾸고 미래를 당겨오기 위해 싸울 때 중요한 것은 현재를 구성하는 과거를 소환하는 일이라면서 과거가 어떻게 쌓여 지금 이 광경인지 따져보아야 한다고 했다. 그 과거가 해결되지 않으면 현재가 서지도 미래가 오지도 않는다는 말에 사무쳤다. 과거와의 싸움이 필요하다. 그러므로 우리가 어떤 미래를 위해 싸우고자 할 때 제일 먼저 할 일은 권력이 강요하는 이름을 쓸모없는 것으로 만들어야 하는 것이다.

그리하여 그런 밤이 있었다. 허공에 사다리를 걸고 올라갔다. 관청 옥상이었다. 점거였다. 이 학살의 풍경을 멈추라는 '제주도청 앞 천막촌' 주민들의 요구 속에 나도 함께 올라가 있었다. 웅크리고 기다리던 어둠이 금방 지나고 날이 밝기 시작했다. 겨울비 속에서 기자회견을 했다. 우리의 성명서는 "이것은 학살입니다"로 시작했고, 회견 마지막은 다음의 말로 끝났다.

　"우리는 당신들의 규정을 거부합니다.

우리는 우리의 이름으로 싸웁니다.

우리는 아직 없는 이름들입니다.

한 번도 호명된 적 없는 주체들입니다."

누가 말하는가,
누가 결정하는가

5

김동현

　　　　　언어 전쟁

다르게 말하는 법을 잊어버리다

지역에 말이 있는가. 무슨 뜬금없는 소리냐고 반문할지 모른다. 말 못 하는 사람이 어디 있고, 말하지 않고 사는 사람이 누구냐고 물을 수 있다. 그렇다면 질문을 다시 던져보자. 지역에, 지역의 말이 있는가. 사투리를 말하는 게 아니다. 부산, 대구, 제주, 광주, 전주…. 지금 지역은 지역의 말을 지니고 있는가. 서울이 표준이 되어버린 시대, '인 서울'의 욕망이 당연시되는 지금, 지역은 지역의 언어로 말하고 있는가.

노무현 정부 이후 '국가균형발전'은 일종의 정언명령이 되어버렸다. 물론 그 이전에도 지역개발 프로젝트는 존재했다. 본격적인 근대화 프로젝트는 박정희 집권 이후였다. 쿠데타 직후 박정희는 '국가재건최고회의' 의장 자격으로 지방을 순시한다. 첫 번째 방문지는 제주였다. '재건'의 구호는 박정희가 대통령에 취임한 직후, 경제개발 계획이라는 수사로 바뀌었다. 박정희 시대 경제개발의 신화가 사실은 경제적 성과를 통해 정권의 정통성을 과시하기 위한 전략이었다는 사실은

이미 많은 연구자들이 입증한 바 있다.[1]

지역에 불어닥친 근대화 바람은 농촌의 유휴 인력을 저임금 도시 노동자로 포섭하는 효과적 수단이었다. 신경림이 「농무」에서 처연한 목소리로 노래했듯 '비료값도 안 나오는 농사'를 작파할 수밖에 없었던 이들은 도시로 향했다. 그들의 종착지는 평화시장 다락방이거나 공사판이었다. 수많은 전태일들과 영달이들의 시대. '조국 근대화'의 본모습은 차별의 이식이었다. '사람을 갈아 넣어서 만든' 성장이었고 근대화였다. 서울, 수도권으로 상징되는 성장의 이면에는 비非 서울(지역)의 희생이 있었다.

서울, 수도권 중심의 성장은 필연적으로 지역 간 격차를 낳을 수밖에 없었다. 박정희 이후 지속된 발전주의 담론은 서울과 비서울의 식민주의적 위계를 전제하지 않고서는 성립될 수 없는 것이었다. 경제성장에 필요한 자본과 노동력을 스스로 창출할 수 없었던 박정희 정권에게 농촌(비서울)은 매력적인 착취의 대상이었다. 도시 개발을 위해서는 저임금의

---

1 박근호의 『박정희 경제신화 해부─정책 없는 고도성장』(회화나무, 2017)이 대표적이다. 박근호는 1965년 이후 한국의 고도성장 배경에는 공산주의에 대해 시장경제의 우월성을 입증하기 위해 경제원조의 필요성을 주장한 월트 로스토의 정책 노선이 결정적이었다고 밝히고 있다.

값싼 노동력의 유입이 절실했다. '서울은 만원'이어야 했고, 변두리를 집어삼키는 괴물이어야 했다. 서울의 탐욕은 무서웠다. 밤 깊은 마포 종점이, 김수영이 닭을 치던 서강이, 안개가 명물이었던 기형도의 방죽이, 통기타에 막걸리 잔을 기울이던 백마가, 서울의 블랙홀로 빨려들었다.

　노무현 대통령이 후보 시절 수도 이전 공약을 내세웠던 이유는 그가 지역 간 격차, 보다 명확히 말하자면 서울과 비서울의 격차를 심각한 문제로 받아들였기 때문이다. 수도 이전 카드는 적중했다. 이슈를 선점했고 논쟁을 불러일으켰다. 수도권 중심주의자들의 거센 반발이 이어졌다. 관습법을 거론하면서 행정수도 이전 특별법이 위헌이라고 판단한 헌법재판소의 판결은 격한 논쟁을 일단락시켰다. 노무현 정부가 차선으로 선택한 것은 공공기관 지방 이전이었다. 지역마다 기업도시, 혁신도시들이 만들어졌고 서울에 본사를 두었던 공공기관들이 지역으로 이전했다. 이런 일련의 과정들을 뒷받침한 담론은 '국가균형발전'이었다.

　박정희 정권 이후 계속된 지역 간 격차를 해소해야 한다는 노무현 정부의 방침에 선의가 없다고는 할 수 없다. 하지만 선의의 종착지가 항상 옳은 것은 아니다. 지역 간 격차를 해소하기 위한 노무현 정부의 전략이 국가 균형 '발전'에 방점이 찍히는 순간, 경쟁은 불가피해졌다. 각 지자체마다 혁신도시 유치에 사활을 걸면서 균형은 경쟁과 차별을 합리화하는 구호가 되었다. 노무현 정부의 '국가균형발전' 전략에서 조금이라도 소외되면 지역 간 형평성을 무기로 '발전' 전략을 요구했다.[2]

역설적으로 '균형발전' 담론은 지역이 스스로 말하는 법을 잊는 계기가 되었다. 1987년 이후 제주를 비롯한 각 지역에서는 민주화 요구와 함께 다양한 지역주민운동이 전개되었다. 당시 지역주민운동에서 공통적으로 발견되는 것은 지역개발의 부작용에 대한 문제 제기였다. 87년 항쟁은 박정희 이후 지속된 지역개발과 관련한 부작용들에 대해 지역 주민 스스로 조직화된 목소리를 내는 계기가 되었다.[3] 제주를 예로 든다면 1988년부터 시작된 제주시 탑동 매립 반대운동이 대표적이다. 당시 '민주헌법쟁취국민운동제주본부'에서 발

---

2 2005년도 정부 부처의 공공기관 이전과 관련한 보도자료는 균형발전이 또 다른 차별로 변하는 모습을 징후적으로 보여준다. '혁신도시 유치 경쟁 치열⋯지방대 관련학과 인기 폭발'이라는 제목의 정책 브리핑 첫 대목은 이렇게 시작한다. "지난 6월 24일 '수도권 소재 공공기관 지방 이전' 발표 이후 해당 12개 시·도는 후속 대책을 마련하는 등 발 빠르게 움직이고 있다. 좀 더 빨리, 좀 더 세밀하게 준비해 다른 지자체들보다 경쟁에서 한발 앞서가겠다는 뜻이다." 2005. 8. 12. <http://www.korea.kr/special/policyFocusView.do?newsId=80084152&&pkgId=5000009&p>

행한 재야 언론,『제주의소리』(현재 제주에서 운영 중인 인터넷 신문
『제주의소리』제호는 이 신문에서 따온 것이다)에서 가장 많은 비중을
차지한 것도 제주도 토지 외지인 소유, 탑동 매립 반대 등 개
발 이슈였다. '호헌철폐', '독재타도'의 구호와 '개발 반대'의
깃발이 함께 광장을 메웠다.

　　이러한 지역주민운동은 그동안 국가와 거대 자본의 주도
로 이뤄진 지역개발에 대한 반성적 성찰인 동시에 지역 주민
들이 개발의 주체로 등장하고자 한 열망의 표현이었다. 이는
이후 대안적 지역개발운동의 맹아가 되었다. 지역 주민들의
자치 조직들, 특히 지역을 기반으로 활동하는 시민운동 세력
들은 개발 반대운동의 동력을 자양분으로 성장하였다. 하지
만 87년 체제는 결과론적으로 지역이 아니라 서울에 방점이
찍혀 있었다. 풀뿌리 지방자치제도의 출발이 자치분권에 대
한 논의를 촉발하게 된 계기가 되었지만 이미 고착화된 서울
중심주의를 바꾸기는 쉽지 않았다.

　　'국가균형발전'은 그 자체로 강고한 서울 중심주의를 깨트

3　1980년대 지역주민운동의 사례에 대해서는 한국사회학회가 엮은『한국사회의 비판
　　적 인식』(나남, 1990)이나 정근식의 박사논문인 "주민운동의 구조와 역학에 관한 비교
　　연구─1980년대 전남 지역 개발 사례를 중심으로" 등을 참고하기 바란다.

릴 수 있는 매력적인 구호였다. 처음 노무현 정부의 '국가균형발전' 전략에 대한 지역의 반응도 우호적이었다. 하지만 노무현 정부의 실책은 균형발전의 최종 목적지를 서울(혹은 유사 서울)로 규정하면서부터 예정된 것이나 다름없었다. 국가 균형발전이라는 선의가 지역을 유사 서울로 바꾸는 것으로 완수되어야 한다는 역설이야말로 발전 담론의 허구를 그대로 보여준다. 이러한 균형발전 전략은 노무현 정부를 시작으로 이명박, 박근혜, 그리고 문재인 정부로 이어지는 기간 동안 정도의 차이만 있을 뿐 크게 바뀌지 않았다. 지역 균형발전 담론이 등장하면서 보다 본질적인 문제는 지역에서 발생했다. 그것은 지역이 이러한 허구를 마치 성취해야 할 목표로 적극적으로 내면화했다는 점이다.

하지만 기업도시, 혁신도시 유치가 말 그대로 '균형발전'을 가능하게 할 것이라는 믿음은 순진한 착각이었다. 혁신도시로 이주한 공공기관의 직원들 대다수가 가족은 수도권에 그대로 둔 채 기러기 아닌 기러기 신세다. 혁신도시마다 미분양 주택이 늘어나고 기반시설은 부족하다. 여러 이유가 있지만 가장 큰 이유는 교육 때문이다.[4] '인 서울'을 위해 보다 유리한 학군을 포기할 수 없는 중산층 부모들의 욕망이 만들어낸 자화상이다. 짝퉁 서울이 되고 싶었던 지역의 민

언어 전쟁

낮이다.[5]

우리는 그렇게 말하지 않는다

지역이 다르게 말하는 법을 잊어버린 이유는 무엇일까. 지역 스스로의 문제도 있지만 가장 큰 것은 지역의 언어에 시민권을 부여하지 않으려는 서울(표준)의 강압이다. 이를 상징적으로 보여주는 사례는 제주 강정 해군기지이다. 2007년 유치 결정이 내려진 이후 10년이 넘는 반대 투쟁, 그 과정에서 벌어진 체포, 연행, 마을 주민들 간의 갈등 등 강정의 사례는 국가와 지역, 국가와 시민의 관계를 상징적으로 보여준다. 해군기지 유치 결정이 이뤄진 마을 임시총회의 절차적 문제부터 2018년 국제관함식 개최 결정에 이르기까지 강정

---

4 "살기 불편한 혁신도시—'목욕탕 하나 없어요'", YTN, 2019. 2. 17. <https://www.ytn.co.kr/_ln/0115_201902170410365140> ; "침체 가속화—유령도시 전락한 '혁신도시'", 연합뉴스, 2019. 6. 17. <https://www.yna.co.kr/view/MYH20190617002000038>

5 강준만은 서울 중심의 교육 시스템을 바꾸지 않는 균형발전이 사기에 가깝다고 지적하기도 한다.("국가균형발전 사기극", 『한겨레』, 2020. 6. 14. <https://news.v.daum.net/v/20200614164613590>)

의 문제는 지역의 오늘을 극명하게 드러내고 있다.

2007년 해군기지 유치 결정이 내려진 임시총회는 최소한의 민주적 절차가 생략된 요식 행위였다. 지역 주민들의 의사를 배제한 임시총회에 대해 대다수 지역 주민들은 거세게 반발했다. 이후 임시총회가 새롭게 열렸다. 절차대로 토론과 투표가 이뤄졌다면 해군기지 유치 결정은 부결되었을 가능성이 컸다. 하지만 해군기지 유치를 찬성하는 주민들은 투표함을 탈취해 임시총회를 무산시켰다. 찬반 주민 간의 갈등으로 보도되었지만 이러한 갈등의 배후에는 해군, 제주도, 경찰 등의 적극적 개입과 방조가 있었다. 이날 마을 임시총회 무산은 이후 벌어질 강정 해군기지 갈등의 시작을 알리는 불행한 사건이었다.

해군기지 건설 과정에서 벌어진 수많은 인권침해와 해군과 정부의 불법, 탈법적 행위는 경찰청 산하기관에 의해 자세하게 지적된 바 있다(경찰청 인권침해 진상조사위원회, '제주강정해군기지 건설 사건 심사 결과', 2019년 5월 27일). 강정 해군기지 건설 과정에서 몇 가지 결정적 장면이 있는데 그중 하나가 바로 '민군복합형 기항지'라는 제주 해군기지의 성격 규정이었다. '민군복합형 기항지'라는 표현이 본격적으로 등장한 것은 2007년 12월이었다. 당시 서귀포시가 지역구였던 김재윤 국

회의원(대통합민주신당)과 김성곤 국회 국방위원장, 유덕상 제
주도 환경부지사, 송영무 해군 참모총장 등이 참석한 비공개
간담회가 열렸다. 이 자리에서 '민군복합형 기항지'가 거론
되었고 군이 긍정적으로 검토하면서 제주 해군기지라는 사
업명에 민군복합형 기항지라는 꼬리표가 달리기 시작했다.
그리고 그해 12월 국회 예산결산특별위원회는 제주 해군기
지 건설 예산 일부를 삭감하면서 '민군복합형 기항지 용역
후 제주도와 협의한 뒤 집행한다'는 부대 의견을 달았다.[6]

해군기지 건설 반대운동 과정 초기에 기항지라는 명칭에
대해 긍정적으로 평가한 적도 있었다. 하지만 '민군복합형
기항지'라는 표현은 해군기지 건설의 절차적 정당성을 대변
하는 상징이 되어버렸다. 국회의 부대 조건이 구속력 없는
'문구'에 불과하다는 사실은 이후 해군기지 반대 투쟁 과정
에서 뼈저린 후회가 되었다. 정권 교체기였고, 국방부와 해
군의 의지가 여전했지만 민군복합형 기항지는 일종의 대안
으로 홍보되었다. 이후 강정 해군기지는 두 개의 이름으로
불렸다. 공식적인 명칭은 '민군복합관광미항'이다. 2016년 2

---

6 문준영, "떼지 못한 꼬리표, '무늬만 민군복합항' 논란", 『제주의소리』, 2017. 4. 26.
<http://www.jejusori.net/news/articleView.html?idxno=190072>

월 당시 황교안 국무총리가 참석한 준공식의 공식 명칭도 '제주민군복합항' 준공식이었다.

준공식에 참석한 황교안 전 총리는 "내년부터 이 항만에 크루즈 부두가 운영되면 오는 2020년에는 연간 100만 명의 크루즈 관광객이 찾아오게 될 것으로 예상"한다면서 "정부는 이곳을 미국 하와이나 호주 시드니와 같은 세계적인 민군복합항으로 발전시키고자 한다"고 말했다. 하지만 지금까지 황교안 총리가 말했던 크루즈 부두는 제대로 운영되지 않고 있다. 100만 명의 크루즈 관광객도 오지 않았다. 다만 떠들썩한 준공식이 열리고 한 달 후인 3월 28일, 해군은 34억 5000만 원의 구상권을 청구했다. 해군기지 건설에 반대했던 마을 주민들과 시민단체들이 청구 대상이었다. 크루즈 관광객 대신 강정 해군기지를 찾은 것은 미국의 함정이었다. 3월 25일에는 미 해군 이지스 구축함 스테뎀함이 입항했고, 11월에는 미 해군 핵추진잠수함인 미시시피함이 입항했다. '민군복합형관광미항'. 이 명칭은 해군기지 건설 과정의 불법성과 군사시설의 배타적 사용권을 은폐한다.[7] 강정 해군기지가 민군복합형관광미항으로 계속 불리는 동안 해군은 공식적으로 기지를 기지라고 부르지 못한다. 이 정도면 웃지 못할 촌극이다.

'민군복합형관광미항'이라고 불리지만 민간인의 영내 무단 출입은 엄벌에 처해진다. 2020년 3월 7일 오랫동안 강정 해군기지 반대 투쟁을 해왔던 송강호 박사와 류복희 씨 등 2명은 강정 해군기지 안으로 들어갔다. 그들이 해군기지 안으로 들어간 이유는 이날이 구럼비 발파 8주년이 되는 날이었기 때문이었다. 몇 주 전부터 이들은 구럼비 바위를 보게 해달라는 민원을 해군 측에 넣었다. 해군은 안전을 이유로 이들의 요청을 불허했다. 구럼비 멧부리는 강정 해군기지 반대 운동의 성소나 다름없는 곳이었다. 멧부리는 구럼비와 연결된 곳으로 해마다 정월 초하루면 마을에서 제를 올렸던 장소이기도 했다. 해군기지에 포함되어버렸지만 여전히 제단은 남아 있었다.

이들의 요청은 일언지하에 거절당했다. 3월 7일 송강호와 류복희는 철조망을 자르고 구럼비로 향했다. 그들이 한 일이라곤 한 시간 동안 구럼비 앞에서 기도하고 묵상한 것뿐이었

---

7 2019년 3월 한 차례 민군복합항에 영국 국적의 크루즈선이 입항, 하루 동안 승객들이 제주 관광을 한 적이 있다. 당시 원희룡 제주도 지사는 민군복합형관광미항이 제 기능을 시작하게 됐다고 발언하기도 했다. 하지만 크루즈 선박 접안을 위해서는 군사 보호 구역 지정도 해결해야 하는 문제가 많다. 여전히 해군기지는 '민군복합관광미항'보다는 '기지'로서의 기능을 우선하고 있다.

다. 기도를 마치고 정문으로 걸어 나오던 그들을 해군 경비병이 뒤늦게 발견했다. 경비병은 군사 보호구역에 무단 입장해서 나갈 수 없다고 그들을 제지했다. 30여 분쯤 지났을까, 소식을 들은 강정 주민이 기지로 달려갔다. 해군은 세 사람을 퇴거 조치했다. 이게 사건의 전말이었다.

하지만 이 사건은 이후 해군 참모총장 경질로까지 이어졌다. '군기지 민간인 무단 침입'이라는 보도가 이어졌고 책임자는 해임되었다. 심지어 한 언론은 제주 해군기지가 민간인에게 농락당했다는 표현까지 썼다. 해군기지 경계에 해병대 투입을 검토한다는 군의 발표도 이어졌다. 전국 군부대의 경계 태세 문제까지 도마에 올랐다. 정경두 당시 국방부 장관은 특단의 대책 마련을 주문했다.[8] 이 일로 송강호 박사가 구속되었다. 해군기지 반대 투쟁을 하면서 다섯 번째 구속이었다.

민군복합관광미항과 송강호의 구속이 의미하는 것은 무

---

8 "제주 해군기지 민간인 침입 때 CCTV 경보음 작동 안 해ー軍 대비태세 논란", 『동아일보』 2020. 3. 15. <https://www.donga.com/news/Politics/article/all/20200315/100169773/1> ; "민간인들에 94분간 농락당한 제주 해군기지ー펜스 경보도 없어", TV조선, 2020. 3. 15. <http://news.tvchosun.com/site/data/html_dir/2020/03/15/2020031590072.html> ; "해군기지 민간인 침입에 정경두 장관 '특단 대책 마련'", 『제주의소리』 2020. 3. 18. <http://www.jejusori.net/news/articleView.html?idxno=313401>

언어 전쟁

엇인가. 해군기지 무단 침입이 보도되면서 송강호 일행을 비롯한 해군기지 반대 주민들을 향해 날 선 비난도 제기되었다. 일부 언론의 댓글에는 국가안보를 위협한 행동에 엄정한 대가를 물어야 한다는 내용도 있었다. 과연 그들의 행동은 해군의 배려와 양보를 이해 못 하는 과격분자의 소영웅주의인가. 송강호는 이미 해군기지 건설 과정에서 네 번이나 구속되었고 연행 과정에서 경찰과 해군으로부터 심각한 인권 침해를 당했다. 이러한 사실은 경찰청 인권침해 조사위원회에서도 사실로 확인이 되었다. 하지만 당시 폭행에 가담했던 경찰과 해군은 어떤 책임도 지지 않았다.

구럼비를 보고 싶었던 그들의 소박한 '일탈'이 군사 보호 구역 무단 침입이라고 한다면 '민군복합형관광미항'이라는 용어는 과연 어떤 의미인가. '민군복합형관광미항'이라는 용어가 여전히 유효하다면 우선 송강호 일행이 '침범'한 지역이 민군 공용지역인지 아닌지를 따져야 한다. 그보다 우선 '민군복합형관광미항'이라는 용어가 유효하다면 군사 보호 구역을 지정할 때 최소한 민과의 협의, 합의가 진행되어야 했었다. 군이라고 하더라도 민주적 견제와 감시에서 예외일 수 없다. 이 모든 절차를 군은 이행하지 않았다. '민군복합형관광미항' 준공식을 전후로 해군은 민군 상생 방안을 모색하겠다고 분명히 밝혔다. 하지만 그 모든 것으로부터 해군은 예외였다. '민군복합형관광미항'이라는 용어는 해군기지의 배타적 점유를 은폐하기 위한 수사일 뿐이었다.

　해군기지라는 명명을 인정하지 않는 것은 단순히 명칭의 사용만으로 그치지 않는다. 그것은 언어를 통한 시민권의 행사를 받아들이지 않겠다는 것인 동시에 지역의 언어와 무관한 그들만의 언어를 구축하겠다는 선언이다. 해군기지 무단 침입 이후 문재인 대통령은 신임 해군 참모총장으로 제주 출신을 임명했다. 임명식에서 해군기지에 대해 잘 설명해달라고 했다. '설명을 해달라'는 주문에는 '설명이 제대로 되지 않았다'라는 전제가 깔려 있다. 이미 준공된 해군기지를 여전히 인정할 수 없는 사람들의 행동을 설명이 덜되었기 때문이라고 판단하는 것이다. 이러한 판단은 그들과 우리를 나누고 대상화한다. 설명을 해야 할 주체가 아니고 설명을 들을 대상으로 지역의 목소리를 치부하는 것이다.[9]

9　이러한 모습은 2018년 관함식 개최에서도 그대로 드러났다. 청와대는 주민총회의 유치 반대 결정을 뒤집으면서까지 관함식을 개최했다. 대통령 참석이 예정된 행사라는 이유에서였다. 강정의 아픔을 치유하겠다고 했던 정부의 말은 허울뿐이었다. 청와대는 시민사회수석을 제주도로 내려보내서 관함식 반대 결정을 뒤집기 위해 공작 수준에 버금가는 회유책을 펼쳤다. 제주도와 제주도의회, 제주의 국회의원들이 여기에 동조, 침묵한 것은 물론이다.

주권은 누구에게 있는가. 주권의 경계는 누가 결정하는가. 주권과 관련해 오랫동안 논의되어왔던 주제다. '강정 해군기지'와 '민군복합형관광미항'. 이것은 단순한 명명의 차이에 그치지 않는다. 어떻게 부르고, 어떻게 규정할 것인가를 둘러싼 권력의 대결이다. 어떤 언어를 선택할 것인가, 그리고 어떤 언어를 거부할 것인가. 여전히 현재형인 강정에서 우리는 어떻게 말을 할 것인가.

무기력과 냉소를 뚫고 가기 위해서

사실 지역에서 싸움을 계속하는 일은 쉽지 않다. 반대의 목소리를 조직하는 일도 쉽지 않지만 좁은 지역사회에서 이리저리 얽힌 인간관계에서 오는 압박도 만만치 않다. 싸움은 지루하고 성과는 더디다. 강정만 해도 그렇다. 이미 해군기지는 준공되었다. 현실적인 상생 대책을 바라는 주민들도 있다. 해군기지 주변에는 원룸과 빌라가 들어서고 있다. 해군을 상대로 한 지역 상권도 형성되는 모양새다. '군사기지 없는 제주'를 원하는 목소리들은 몽상주의자들의 한가로운 외침으로 치부된다. 비자림로, 제2공항 등 현안은 쌓여가고 동력은 많지 않다. 여전히 싸워야 할 이유는 차고 넘치지만 그들과 싸우는 일보다 무기력과 냉소를 견디는 일이 더 어렵다.

지역이 지역의 언어로 말한다는 것은 무슨 의미일까. 서울과 다른 의견을 내고, 주장을 외치는 것만은 아닐 것이다. 언어는 단순히 의사를 전달하기 위한 수단이 아니기 때문이다.

언어는 기억이고 행동이다. 시간을 견뎌온 언어의 흔적이 우리가 딛고 있는 땅의 기억이다. 파울 첼란은 한 문학상 수상 소감에서 언어는 모든 것이 상실되어버린 시대에도 남아 해답을 찾을 수 없는 불능의 역사를 뚫고 갔다고 말한 바 있다.[10]

전쟁은 인류가 저지른 참혹한 범죄였다. 윤리와 존엄은 무참히 짓밟혔다. 도대체, 왜. 이런 당연한 질문들조차 통용되지 못했던 시대를 살아온 파울 첼란에게 언어는 무기력하기 짝이 없었는지 모른다. 심장을 관통하는 총알 앞에서 말이 얼마나 나약한 비명인지 누구보다 처절하게 보았을 것이다. '그럼에도 불구하고'. 그는 말한다. '그럼에도 불구하고', 여

---

10 파울 첼란, 「자유 한자 도시 브레멘 문학상 수상 연설」 『죽음의 푸가』 전영애 옮김, 민음사, 2011.

언어 전쟁

전히 언어는 남았다. 모든 것이 없어져버린 상실의 시대에 여전히 남은 것은 언어였다.

하지만 언어는 어떤 답도 주지 않다. '도대체, 왜'. 그 당연한 질문에 대한 답을 찾을 수 없는 그 무기력의 시간을 뚫고 파울 첼란은 시의 언어를 쏘아 올렸다. 시를 쓰는 일이 "초월하는 것이 아니라 시간을 뚫고 무엇을 붙들려고 하는 것"이라는 그의 고백은 이런 이유 때문이었다.

우리의 언어가 있어야 할 자리가 무기력과 냉소가 아니라면 우리는 어떤 말을 해야 할까. 파울 첼란이 말한 것처럼 '그럼에도 불구하고', 우리는 어떤 언어를 쏘아 올려야 할까. 해답을 분명하게 말할 수는 없다. 답은 찾아야 하는 과정이지, 결과가 아니니까.

하지만 이것만은 분명하다. 지역이 지역의 목소리를 가지기 위해서는 유사 서울이 되는 욕망의 언어가 아니라 '지금 여기', 내가 딛고 서 있는 이 땅의 흔적을 기억할 수 있는 언어가 무엇인지 스스로에게 물어야 한다. '초월이 아니라 시간을 뚫고 가는 것'이라는 파울 첼란의 통찰은 지금, 우리의 언어가 무엇을 지향해야 하는지를 알려준다. 지금을 넘어서지도, 지금을 외면하지도 않고, 지금을 뚫고 가는 발화, 그것이 비명이든, 외침이든, '지금 여기'의 신체로 외치는 나만의 함성.

그것은 바벨탑을 쌓으려는 욕망이 아니라 탑을 무너뜨리는 용기이며, 그래서 수많은 이질적 언어들을 두려워하는 것이 아니라 오히려 다른 목소리들의 존재와 차이를 바로 보는 응시이다. 같아지는 것이 아니라 서로의 차이를 끊임없이 드러내기 위해서 지역이 지역의 언어로 계속 말해야 하는 이유도 여기에 있다. 그 다름을 찾기 위해 지금 당장 할 수 있는 일은 무엇일까. 그 시작은 서울의 목소리로, 서울에 대한 욕망을 버리는 단호한 결별이다. 그래서 '우리는 그렇게 말하지 않는다'라고 말할 수 있는 당당한 선언. 그렇다, 그것이면 된다.

'386세대'의 정치 언어와 자가당착

6

이택광

언어의 전회

그리스의 철학자 플라톤은 기억력의 쇠퇴를 초래한다는 이유로 문자를 경계했다. 듣기에 따라 황당할 수 있는 이 믿음은 유럽까지 이어져서, 문자로 적힌 텍스트 너머의 진리가 존재한다는 형이상학의 체계를 가능하게 했다. 그러나 결과적으로 이 진리에 대한 갈구는 텍스트 너머에 그 무엇도 존재할 수 없다는 생각에 이르게 되고, 1920년대에 이르러 이른바 '언어의 전회'라는 인식론의 전환이 언어에 대한 기존의 관념들을 근본적으로 바꿔놓게 되었다.

'언어의 전회'는 천동설에서 지동설로 우주론이 바뀐 것에 비견할 만한 변화라고 할 수 있다. 생각이 언어를 만들어낸 것이 아니라, 언어가 생각을 만들어낸다는 깨달음은 언어로 표현하지 못하는 사물에 대해 생각할 필요도 없다는 입장으로 나아갔다. 이른바 영미분석철학과 실증주의가 이런 입장을 드러내는 경향이었다고 할 수 있다. 이런 관점에 입각한다면, 생각이 먼저고 언어가 그 생각을 복제하는 것이라는 플라톤의 이론은 더 이상 쓸모없는 것처럼 보였다.

그러나 언어에 대한 이런 관점은 결과적으로 소통이라는 측면에서 문제를 낳는다. 언어가 경험적인 것이라고 한다면, 그 경험을 서로 나눌 수 있는 소통은 어떻게 가능한가. 문법이라는 공통의 용법은 누가 정하는가. 이런 의문을 통해 소통은 규범일 수밖에 없고, 당대의 지배 이데올로기와 무관할 수 없다는 결론에 이르게 된다. 이런 까닭에 이 문제는 구조주의를 비롯한 많은 이론의 도전을 받았고, 오늘날 벌어지고 있는 상황들에 비추어보자면, 언어는 '삶의 형식'이긴 하지만, 무한한 삶의 역동성을 제한하는 굴레처럼 여겨지게 되었다.

언어는 그런 의미에서 생각을 복제한다기보다, 생각에서 누락되어 있는 것을 가리키는 기표의 연쇄로 인식해야 한다는 의견이 설득력을 갖는다. 욕망하는 것을 언어는 담아내지 못하고, 오히려 실현할 수 없는 욕망의 결핍으로 인식할 수밖에 없다. 물론 이 결핍은 부재함으로써 충만한 상태이다. 하나의 삶을 나눈다는 의미에서, 또한 그 삶보다 적다는 의미에서 언어는 욕망을 그대로 재현하지 못한다. 그럼에도 하나의 기표를 통과해서 생산된 욕망은 공통의 언어를 만들어내기도 한다. 혁명의 순간이 가져온 공통의 경험은 주체의 변용을 이끌어내고, 언어의 사용법을 바꾼다. 한때 비난의 표현이었던 프롤레타리아가 마르크스를 통해 다음 세계의 주인으로 호명된 일이나, 조롱의 수사였던 인상주의가 모더니즘의 기수로서 인상파를 정립한 일은 이런 사례를 말해주는 빙산의 일각에 불과할 것이다.

감각이 바뀌면 언어의 용법도 바뀐다. 그러나 그 감각의 전환은 언어를 초월해서 이루어진다기보다, 그 언어의 빈틈에서 이루어진다. 이 빈틈에서 출발한 전환이 언어를 재구성할 때, 소통 방식이 바뀌는 것이다. 따라서 소통을 갈구한다면, 언어의 위계에 짓눌려 있는 감각을 해방시켜야 한다. 한국의 경우, 이 과정은 1980년대에 목격할 수 있었다. 경제개발과 중산층의 성장은 대학이라는 '약한 고리'를 만들어냈고, 당대의 문제점을 해결하려는 담론이 넘쳐났다. 1980년대는 자본주의 극복이라는 의제로 통일되어 있었다. 이 공통의 의제 또는 이념이 서로 다른 목소리를 수용하려는 태도로 나타났다.

1987년 6월과 그 이후 7월에서 9월까지 이어진 노동조합에 대한 노동자들의 요구는 일정 부분 자본주의 극복이라는 의제에 대한 동의를 의미했다. 그러나 의회정치 내에서 이루어진 대타협은 이 의제를 '민주화'라는 재현의 언어로 통합시켜버렸다. 민주주의라는 제도의 수립이 곧 '민주화'인 양 받아들여졌지만, 사실 이 과정은 시장의 원리를 민주주의로 승인하는 것에 불과했다. 1980년대 이후 목격한 민주주의는 사실상 시장의 절대화였다고 말할 수 있다. 시장의 합리화를 진보적인 것으로 수용하면서 민주주의의 이념은 과잉으로 간주했다. 이렇게 이념을 배제한 '민주화'라는 단어는 언어의 재현과 그 재현이 포괄하는 의미의 지층에 괴리를 내포하게 되었다.

전향의 언어

1990년대 자유주의의 황금기는 이런 시장주의의 정상화와 함께 이루어진 1980년대를 지배한 '병든 욕망'을 지워버리는 시기였다. 그렇게 자유주의는 마치 시장주의와 찰떡궁합을 이루는 것처럼 보였고, 자본주의는 사회주의 블록의 붕괴 이후에 절대적인 선을 의미하게 되었다. 이 변화는 사소하게 보이지만, 엄청난 차이를 내포한다. 어떤 사회적인 문제가 발생했을 때, 과거라면 자본주의의 모순 때문에 이런 일이 일어났다고 생각했겠지만, 이제는 자본주의가 정상적이지 않아서 이런 일이 일어난다고 생각하게 되는 것이다. 누구도 자본주의 자체를 부정하지 않게 되었다는 사실이 1980년대와 그 이후를 가르는 결정적인 차이이다.

1980년대 이후 의회주의라는 제도는 진보와 보수라는 재현의 언어를 획득했다. 실제로 한국에서 의회는 경제적 이해관계에 기반을 두고, 대통령은 국민의 일반의지를 대변하는 것으로 분리되어 있다. 권력의 행사 방식에 차이는 있지만, 과거 보나파르트주의적이었던 박정희 체제의 구도를 크게 벗어나지 않은 체제 작동 방식이라고 할 수 있다. 의회에서 이루어지는 이해 조정을 제왕적 대통령제로 간섭하는 것을 '토착적 민주주의'라고 불렸던 박정희 체제의 언어가 여전히 외피만 바뀌어서 되풀이되고 있는 셈이다.

그러나 한때 '87년 체제'라는 명칭으로 불렸던 이 민주주의 제도의 문제점은, '운동'의 종착점에서 이루어진 협상 테이블에 노동자를 비롯한 소수자는 초대받지 못했다는 사실에서 드러난다. '87년 체제'란 사실상 한국 사회에서 발언권을 가진 특정 집단, 말하자면, 민주화운동의 '대표성'을 자처하는 정치 세력들이 기성 권력의 내부로 편입해 들어가기 위한 타협의 산물이라고 할 수 있다. 이 기성 권력은 표면적으로는 진보와 보수로 분류되어 있지만, 진실은 두 보수의 경쟁 구도였다. 박근혜 정부는 두 보수 중에 냉전 보수에 해당하는 세력이 파시즘적인 포퓰리즘과 연합함으로써 등장한 것이고, 그 뒤를 잇는 문재인 정부 역시 진보를 표방하고는 있지만, 실상은 포퓰리즘에 기댄 또 다른 보수의 집권이라고 말할 수 있을 것이다.

문재인 정부의 출현은 '87년 체제'의 한계를 극복하고 외연을 넓히고자 했던 80년대 운동 내부의 목소리를 지워버리는 역할을 했다고 할 수 있다. 이 삭제의 과정에서 결정적 역할을 하고 있는 것이 바로 '대안언론'이라고 명명하고 있는 1인 미디어의 분출이다. 이 분출은 인터넷에 기반을 둔 시장의 작동 방식과 밀접한 관련을 맺는다고 할 수 있다. 물론 이 시장은 넓게 본다면 '콘텐츠 시장'이라고 부를 수도 있겠지만, 실제로 해당 콘텐츠를 소비자가 구매해서 수익을 올리는 구조라기보다 광고에 의존하는 구조이기 때문에 '광고 시장'이라고 평가해야 할 것이다. 따라서 '1인 미디어 시장'은 따로 존재한다기보다, 한국의 기성 언론이 독점하고 있던 광고 수입을 나누는 방식으로 존속하는 것이라고 할 수 있다.

일정한 정치적 견해와 입장에 따라 1인 미디어의 소비자들은 자신들이 콘텐츠를 소비한다고 생각하지만, 현실은 광고를 소비해주고 있는 셈이다. 그 콘텐츠가 진보나 보수 둘

중 무엇으로 포장하고 있든, 광고는 아무런 영향을 받지 않는다. 소비자는 열심히 진보나 보수의 입장을 지지하고 후원한다고 생각하지만, 결과적으로 혜택을 받는 이들은 일차적으로 그 콘텐츠를 등재해주는 플랫폼 기업이고 이차적으로 광고주이다. 성공적으로 자본주의가 정치적 담론 뒤로 숨을 수 있게 된 것이다. 이제 자본주의의 문제는 문제라기보다 하나의 조건으로 바뀐다. 자본주의 자체에 문제 제기를 하는 이들은 추상적인 훈수나 두는 '평론가'로 비웃음을 산다.

이 모든 상황이 한국의 특수성이라고 말할 수는 없다. 이미 고대 그리스의 희극에서도 소크라테스는 궤변이나 늘어놓는 웃긴 노인네로 그려지고 있을 뿐이기 때문이다.

민주화라는 언어 기만

흔한 평가처럼 한국인들이 미개하거나, 팬덤에 빠진 정치적 지지자들이 중세적 판타지에 젖어서 이런 일이 일어나는 것은 아니다. 오히려 이런 팬덤의 광기는 원인이라기보다 결과라고 할 수 있다. 어쩌면, 시장주의에 포섭되어버린 민주주의의 형식성이 이런 '중우정치'를 초래한다고 보아야 한다. 특정 세력의 성격이 이런 문제를 야기한다기보다 대의정치에 내재한 모순이 해방과 구속이라는 양가적 양상으로 드러나는 것이다. 프랑스의 철학자 미셸 푸코가 지적하듯이, 지식은 우리를 해방시키면서 동시에 구속한다. 깨어 있다고 생각하는 그때가 바로 다른 꿈에 빠져드는 순간이다. 이런 의미에서 지식을 끊임없이 해체하고 새로운 앎으로 나아가게 하는 것은 또 다른 지식의 연쇄가 아니라, 다른 생각의 방식, 말하자면 다른 꿈을 꾸는 주체를 정립함으로써 가능하다. 아리스토파네스의 「구름」에서 조롱거리에 불과했던 소크라테스는 다른 생각을 주장하다가 죽임을 당했다. 민주화 이후 한국 사회에서 다른 생각을 이야기한다는 것은 소크라테스처럼 생명을 내놓을 만큼 위험한 일은 아닐지라도, 대인관계를 포함해서 자신의 사회생활을 위기에 빠트릴 모험이라고 할 만하다.

조롱과 멸시를 견디면서 실제로 목숨을 거는 이들도 있다. 김용희를 비롯한 숱한 노동자들이 자신의 존재를 드러냄으로써 위험을 향해 걸어 들어갔다. 이들은 망각을 벗어나서 자신의 몫을 주장함으로써 위기 자체가 되었다. 그럼에도 이들의 목소리는 이른바 진보와 보수로 나뉜 언어로 표현되지 않는다. 이 사실에서 지금 통용되고 있는 진보의 언어라는 것은 은밀하게 보수의 실체를 은폐하기 위한 기만술에 불과하다고 볼 수 있다. 이 기만술이 결정적으로 드러난 계기가 바로 조국 사태일 것이다. 조국 사태는 그동안 진보와 보수라는 기만적 언어에 가려져 있던 '87년 체제'의 본색이 적나라하게 표출된 양상이다. 1980년대의 민주주의가 어떤 체제로 고착되었는지 알고자 한다면 조국 사태를 눈여겨 들여다봐야 한다.

사실 민주주의라는 말은 민주화 이후 기득권을 획득한 '386세대'의 변화를 의미하는 말이 되었다. 물론 386세대에 속한다고 모두 이런 기득권을 가지게 된 것은 아니다. 그러나 그들 대부분이 이런 기득권을 정당한 권리로 인정하고 있는 것은 부정하기 어렵다. 여기에서 386세대란 명칭은 80년대에 대학을 다니고 자유주의가 전면화한 시기였던 90년대에 30대였던 이들을 지칭하는 말이다. 어떤 이들은 이 386세대라는 명칭을 연령 변화에 따라 586세대라고 부르기도 하지만, 이 세대 명칭이 드러내는 요점은 이들이 30대에 대대적인 사상 전향을 감행했다는 역사적 사실이다.

유시민처럼 생물학적으로 386세대에 속하진 않지만 이런 세대의 특성을 누구보다 본질적으로 체현하고 있는 장본인도 없지 않기 때문에 386세대를 586세대라고 고쳐 부르는 것은 무의미하다고 생각한다. 386세대를 구성하는 주류는 민족주의적 성격을 띠었고 90년대로 접어들면서 이런 민족주의는 자유주의와 결합하게 되었다고 할 수 있다. 여기에 현실사회주의권의 붕괴와 북한의 변화는 이들이 사회주의나 공산주의에 대한 희망을 포기하고 자유주의로 전향하는 중요한 계기를 제공했을 것이다. 20대에 거부했던 사상을 30대에 접수하면서 이들 386세대는 자연스럽게 자기모순에 직면하게 되었고, 그래서 찾아낸 것이 바로 '진정한 자유주의'라는 말장난이었다. 이 '진정한~'이라는 마법의 수사는 적의 품에 있던 자산을 자기 것으로 만드는 탁월한 전술이었다.

이들에게 냉전 시대의 반공 자유주의는 '진정한 자유주의'가 아니라 자유주의로 위장한 수구주의였다. 이런 논쟁의 과정을 통과하면서 이들은 상식과 비상식, 민주와 반민주, 부패와 반부패 프레임을 성공적으로 만들어냈다. 노무현 정부는 이들이 기존의 보수 연합에 기대지 않고 자력으로 정권을 획득한 상징물이었다. 노무현 정부는 노무현 개인의 비극을 낳긴 했지만, 386세대에게는 기득권으로 진출할 수 있는 신분 상승의 기회를 제공했다. 비단 정치권만이 아니다. 사회 각계 분야에서 민주화의 성과는 과거 학생운동의 이력이 더 이상 낙인이 아니라 상징 자본으로 쓰일 수 있게 만들었다.

이 자가당착을 극복하기 위한 언어의 전회가 '정의' 또는 '공정'이라는 말일 것이다. 문제는 여기에서 본격적으로 드러난다. 과거 기득권으로 처음 진입할 당시인 노무현 정부 시절만 해도 자신을 불평등의 구조에서 기울어진 쪽에 위치시키는 것은 386세대의 입장에서 보면 크게 문제 될 것이 없었다. 그러나 극적인 탄핵을 거쳐 문재인 정부가 들어서자 상황은 달라졌다. 이들은 이제 더 이상 기울어진 운동장 아래쪽에 위치시킬 수 없는 자신들을 발견한 것이다. 문재인 정부에서 가장 흔하게 쓰인 말이 '적폐 청산'과 '제도 개혁'일 것이다. 조국 사태를 거치면서 논란이 뜨거운 검찰 개혁도 뜯어보면 적폐 청산과 제도 개혁의 문제이다. 이 말은 급진적인 주장처럼 들리지만, 코에 걸면 코걸이 귀에 걸면 귀걸이라는 점에서 논리의 자가당착을 은폐하려는 일종의 기만술이다. 적폐 청산과 제도 개혁이라는 말 자체가 진보적인 내용을 자동으로 확인시켜주는 것이 아니라는 뜻이다. 아이러니하게 두 용어 모두 박근혜 정부 시절부터 유행했다는 점에서 이런 사실을 쉽게 확인할 수 있다. 중요한 것은 적폐 청산과 제도 개혁 자체라기보다 누가 누구를 적폐로 규정하고 누가 무엇을 위해 어떤 개혁을 할 것인지, 이 입장이 중요한 것이다.

새로운 언어와 다른 정치

확실히 386세대의 관점에서 자신의 기득권을 비판하는 목소리를 들으면 불편할 수 있을 것이다. 반론의 논리들이 대체로, '진보는 가난해야 하는가'이고, '운동하느라 이만큼 희생한 이에게 운동하지 않은 이보다 더 박하게 군다'는 것이다. 첫 번째 논리는 앞서 이야기했듯이, 이들이 말하는 진보는 아무런 진보적인 내용을 증명하지 못한다는 점에서 기각 가능하다. 노무현 정부 시절에야 처음이라 그렇다고 쳐도 문재인 정부에 이르러 보이는 행태는 더 이상 변명의 여지를 허락하지 않는다. 불리할 때는 보수라고 했다가 유리할 때는 진보라고 주장하는 이중 전략을 구사하는 것이 지금 386세대를 대변한다는 이들의 특징이다.

최근에 이들은 그나마 취했던 도덕주의적 태도마저 폐기하는 모습을 보이고 있다. 조국 사태에서 그를 지지하면서 등장한 논리가 지나친 도덕주의에 대한 경계였는데, 이 또한 한국에서 일정하게 진보의 가치를 포장해온 우월한 도덕성이라는 명분을 편의에 따라 폐기하는 오류였다고 볼 수 있다. 전 세계 어떤 국가든, 의회민주주의를 추구하는 정당정치 내에서 특정 정치인을 평가하는 기준은 도덕성이다. 최소한 이 도덕의 문제를 비판하려면 유럽처럼 훨씬 더 왼쪽의 입장에서 이 문제를 비판해야 할 텐데, 조국 사태에서 이들이 보인 논리는 두 발을 오른쪽으로 이동시켜놓은 채 논리를 펼쳤다. 이런 제스처가 말해주는 것은 무엇인가. 정말 이들이 지나친 도덕주의를 폐기해야 한다고 생각해서 이런 논리를 제시한 것일까. 물론 전혀 그렇지 않다.

이들이 말하는 지나친 도덕주의라는 것은 사실 더 왼쪽으로 나와야 가능한 용어임에도 이런 주장을 통해 여전히 자신들의 가치가 진보적이라는 사실을 부각시키려는 것이다. 이미 80년대에 비해 훨씬 오른쪽에 위치해 있음에도 이들은 계속 자신들이 왼쪽에 있다는 착시현상을 조장하는 셈이다. 도덕은 정치의 조건이 아니라 오히려 정치를 조건 짓는 것이다. 좌파적인 관점에서 정치의 조건은 계급투쟁이다. 과연 지금 자유주의화한 386세대가 계급투쟁을 정치의 조건으로 간주하고 있는가. 그렇다면 권력을 쥔 당사자들인 386세대 정치인들은 왜 이런 당위를 주장하지도 실천하지도 않는가.

386세대만큼 정치적으로 분열적인 자기모순에 빠져 있는 경우도 드물 것이다. 이런 자기모순을 봉합하는 것이 바로 팬덤이다. 정치를 특정 정치인에 대한 지지로 전환시키면서 후자에 더 진정성을 부여하는 것을 자랑스럽게 생각하는 것이 최근 나타난 현상이라고 할 수 있다. 물론 전조는 과거부터 있었지만, 이 현상은 문재인 정부에 접어들면서 더욱 강해졌다. 자기를 규정하던 언어와 자기 내부에서 투쟁을 벌이고 있는 양상이 지금 386세대의 존재론이다. 흥미로운 것은 이들이 그 언어의 부당함을 지적한다기보다 부족함을 지적하고 있다는 사실이다. 자신들은 그 언어 너머에 있는 그 무엇을 행하고 있기에 그 언어로 자신들을 재단하는 것은 부족하다는 것이다. 그러나 그 언어는 바로 386세대 자신들이 스스로 둘러쓴 언어이다. 물론 서두에서 논했듯이, 언어만으로 표현할 수 없는 숱한 정치적 계기가 있다. 문제는 그런 감각의 정치는 지금의 언어를 절대화하는 것이 아니라, 지금의 언어로 표현할 수 없는 전혀 이질적인 언어의 출현을 환영해야 한다는 당위에 근거한다. 당연히 한때 386세대 자신들이 품었던 이상에 비추어본다면, 그 언어는 지금의 언어보다 더 왼쪽에서 나와야 할 것이다. 나는 그 왼쪽의 언어가 '새로운 공산주의'의 기표라고 주장한다. 386세대의 언어에서 확인

언어 전쟁

할 수 있는 자가당착은 80년대의 종언을 증명해주는 것이다. 바야흐로 낡은 것을 보내고 다른 정치의 가능성을 불러와야 하는 때라고 할 수 있다. 당연히 그것은 386세대가 남용하고 있는 정치적 언어를 폐기함으로써 가능하다.

방언의 상상력

7

전
성
태

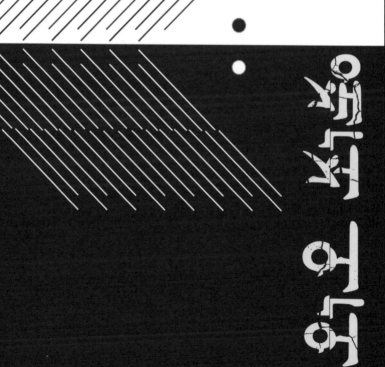

언어 전쟁

나에게 표준어는 만만한 세계가 아니다. 말을 할 때마다 나는 표준어와 방언을 견주면서 말해야 하는 고초를 겪는다. 일테면 내 고향 말에는 '~아'나 '~어' 뒤에 붙어서 동작의 종료를 나타내는 보조동사 '버리다'의 방언, '불다'가 많이 쓰인다. '그가 갔다'는 말을 하고자 하면 '그가 가불었다'는 식으로 고향 말은 '버리다'를 덧붙여 아쉬운 감정을 드러내면서 말뜻에 힘을 준다. 일본말이 영향을 끼쳐 이 말 쓰임새가 득세한다는 설도 있는데, 어쨌든 고향 사람들에게는 혀에 붙다시피 한 말이다. 서울살이를 시작하면서 맨 처음 혀에 걸린 말이 이 '버리다'였다. 영화가 좋았는지 묻고 싶으면 먼저 "영화 좋아불었냐?"라는 고향 말이 자연스레 떠오르고, 이를 서울말로 옮겨서 "영화 좋아버렸니?" 하고 번역해서 내놓는 식이었다. '버리다'는 어미도 버린 '영화 좋았니?' 정도가 서울말에 가까울 터이니 용을 쓰고 발설한 내 표준어는 이도 저도 아닌 희한한 말이 되곤 했다.

표준어의 세계로 나온 이래 나는 이처럼 이중의 언어생활을 하고 있다. 막스 피카르트는 『침묵의 세계』(까치)에서 방언을 일상에서 사용하는 사람의 경우 표준어로는 어느 말에서 다른 말로 아무런 장애 없이 나아갈 수 없다고 했다. 표준어는 그에게 결코 어떤 자명한 것, 언제든 쓸 수 있는 말이 아니라는 것, 그가 표준어로 말하기 위해서는 언제나 방언을 무슨 제동기처럼 갖고 다니면서 방언으로부터 다시 시작해야 한다는 것이다.

권력의 중앙 집중이 심한 우리나라에서 방언은 세련되지 못한 말로서 극복되어야 마땅한 언어이다. 모든 교과서는 표준어를 사용하는 국민 육성을 목표로 하고 있다. 지방 사람들은 은연중에 표준어 사용의 강박에 시달린다. 표준어를 교육하는 교실 풍경은 사뭇 폭력적이기까지 하다. 중학생이 되어 음악 시간에 처음으로 배우는 노래에 〈우리는 중학생〉이 있었다. 첫 소절이 '우리는 중학생'으로 시작되는데 음악 선생님은 몇 번이고 그 소절에서 피아노를 뚱땅거리며 노래를 중단시켰다.

"주웅학쎙이 아니라 주웅학생이야, 자, 다시."

그러나 우리는 다시 틀렸던 모양이다.

"쎙이 아니라 생이라니까! 그게 그렇게 안 되니? '생' 해봐."

이게 무슨 말인가? 우리가 지금 발성하는 게 '중학생'이 아니고 무엇이란 말인가? 우리는 고개를 갸웃거리며 "쎙!" 하고 복창한다. 선생님은 얼굴이 벌게져서 제대로 된 발음을 학생들한테 들으려고 첫 소절을 한 시간 내내 반복한다. 우리는 결국 그 노래를 끝까지 배우지 못했다. 그곳 방언의 특색 중에는 '생' 발음이 '솅'으로 거세게 나는 경향이 있다. 선생님은 '선솅님'이고, 생각은 '솅각'에 가깝다. 그 음악 시간의 고통을 말로 하자면 "선솅님, 우리는 분맹히 솅 하고 있다고 솅각하는디, 선솅님이 자꾸 솅이라고 허니께 당최 울도 우리 쎼를 못 믿겄는디요"쯤 될 것이다.

영상 매체에서 방언은 전근대적인 인물의 언어, 비非엘리트의 언어로서 희화화된다. 이는 영상물의 소비자인 대중의 언어 의식을 반영한 것이기도 하다. 예전에 군대 암구호에 얽힌 우스갯소리 하나가 널리 회자된 적이 있다. 어느 시골 출신 사병이 '열쇠' 대신 '쇠때'라고 했다가 총에 맞은 이야기이다. 심하게 말해 방언을 사용하면 죽을 수도 있다. 영화 〈황산벌〉은 '거시기'라는 백제 방언을 유행시켰다. 사실 '거시기'는 방언이 아니다. 무슨 말이 떠오르지 않아 머뭇거리거나 대놓고 말하기 거북할 때 내놓는 대명사로 표준말에 올라 있다. 그러나 충청 이남에서는 대명사에 머무르지 않고 모든 품사를 대신하는 블랙홀 같은 말로 더 널리 쓰인다.

예전에 이문구 선생의 소설 「산 너머 남촌」과 「유자소전」

을 엮어 극화한 텔레비전 드라마 〈친애하는 기타 여러분〉을 방영한 적이 있다. 배우 장항선이 극 중에서 이 '거시기'라는 말을 입에 달고 사는 인물로 등장하는데, 가히 그는 거시기로 시작해서 거시기로 끝을 맺는 말버릇의 소유자였다. 이이가 마을 이장 선거에 나오겠다고 출사표를 던지면서 때아닌 언어 문제가 대두된다. 마을 사람들의 반응은 당연히 거시기하다. 그가 이장이 되면 동네 방송이 무용지물이 될 게 뻔한지라 반대하고 나선 것이다. 이에 장항선이 해명 차원에서 열변을 토하게 되는데,

"거시기가 거시기 헌다고 거시기 허는 거시기딜 있어?"

하는 항변이다. 이에 마을 사람들이 그 말도 맞는다고 수긍하기에 이른다. 장항선의 '거시기'를 풀어보자면 '내가 거시기라는 말을 많이 사용한다고 해서 내 말을 못 알아듣는 주민들이 있느냐'는 말이다. '거시기'의 용도가 이쯤에 이르면 더 이상 표준말이 아닌 것은 분명하다. 그러나 '거시기'라는 말의 묘미는 방영웅이라는 작가에 이르러 소설집의 표제(『거시키 동네』, 청운)로 활용되기도 한다.

우리나라에서 모든 지방말은 서울말의 하위 언어로 규정된다. 언어에 대한 자의식이 웬만하지 않고서는 방언을 고집할 수 없는 실정이다. 국가주의의 산물인 이 표준어 정책

은 일정하게 성공을 거둔 듯하다. 일전에 지방의 고등학생들과 워크숍을 진행하면서 그들이 방언을 거의 사용하지 않는다는 사실에 적이 놀란 적이 있다. 그 사실을 학생들에게 이야기했더니 그들의 반응은 수긍하지 못하겠다는 눈치였다. 자신들은 여전히 방언을 사용하고 있다는 부끄러움 같은 게 은연중에 느껴졌다. 그들에게도 표준어에 대한 강박은 여전한 것으로 보였다. 이는 물론 학교교육 탓만은 아닐 것이다. 방송 매체 따위가 꾸준히 표준어의 담론을 확대한 결과이리라.

애초에 언어가 바벨탑 이전처럼 하나였으면 좋았을 것이다. 바벨탑 신화는 인류가 다양한 언어를 사용할 수밖에 없는 존재임을 드러낸다. 많은 언어인류학자들은 언어의 다양성을 문화적 다양성의 척도로 인식한다. 한 언어가 사멸하면 한 생활양식도 사라진다는 점에서 언어의 소멸을 곧 문화 소멸의 징후로 읽는다. 언어는 저절로 존재하지 않는다. 언어는 그것을 사용하고 전달해줄 수 있는 공동체가 있어야만 존재한다. 수많은 언어들이 언어적 환경이 열악해지면서 빠른 속도로 사멸해가고 있다. 대니얼 네틀과 수잔 로메인의 보고서(『사라져 가는 목소리들』, 이제이북스)에 따르면 지난 500년 동안 세계의 언어들 중 절반가량이 사라졌다고 한다. 세계 인구의 90퍼센트가 가장 많이 쓰이는 100개의 상위 언어를 사용하고 있고, 6000개 이상의 언어를 10퍼센트의 지구인이 사용하고 있다. 이 언어들 중에는 불과 몇 명만이 사용하는 언어도 있다. 1987년 로신다 놀라스케스가 죽으면서 쿠페뇨어語가 사라졌듯이, 1990년 로라 소머설이 죽으면서 와포어語가 사라졌듯이 지금도 어느 언어는 마지막 한 사람의 운명과 함께 사멸의 길에 들어서 있다. 이제 그 한 사람이 죽으면 그들의 언어로 불리던 태양과 별도 사라진다. 그 태양과 별은 우리의 태양이나 별과는 다르다. 그들의 조상 대대로 체험하고 사유한 태양과 별의 상상력도 함께 사라지는 것이다.

방언의 자리도 마찬가지이다. 방언이 얼마만큼 보존되어야 하는가 하는 문제는 여러 종의 나무들이 공존하는 숲을 이야기하는 것과 같다. 다양한 언어가 공존할 수 있을 만큼이면 된다. 이를 언어의 생태학이라 해도 좋을 것이다. 모국어라는 큰 숲이 서울말 일색으로 바뀐다면 그건 소나무만 무성한 숲이거나 아까시나무만 무성한 숲이기 쉽다. 그것을 두고 풍성하고 안정된 숲이라고 말하기는 곤란하다. 세계의 언어들이 사멸해가는 현상을 보면서 우리 모국어의 최후를 상상하기는 어렵지 않다. 언젠가는 제주 방언을 사용하는 어떤 이가 문화재처럼 보존되다가 그의 부음이 전해질지도 모른다. 더 나아가 한국어도 영어의 위세에 밀려 그런 식으로 소멸할지도 모른다. 사실 이것은 우리의 역사적 체험 속에서도 가능한 상상이다. 일제의 식민지 역사가 지금까지 계속되고 있다면 거의 모든 문학작품이 일본어로 창작되고, 모국어의 흔적은 연변 등지로 나가야 겨우 찾을 수 있을지 모른다.

작가에게 미의식은 언어에서 나온다. 언어에서 발현되고 언어로 표현된다. 작가는 언어의 바다에 외바늘 낚시를 드리우고 바다를 감지하는 존재이다. 문학의 언어는 의사를 전달하는 도구적 기능에만 머무르지 않는다. 작가에게 언어란 인간 존재의 일부분으로 격상된다. 방언 역시 언어예술이 궁극적으로 지향하는 미의식 위에 앉아 있다. 표준어의 위세 속에서 방언을 지향하는 일은 작가에게 한층 더한 미의식을 요구한다. 토속성과 해학이 한껏 고양된 문장이 되든, 저항과 풍자의 날렵한 서사가 되든 방언을 지향하는 글쓰기는 언어에 대한 강도 높은 수공업적인 자세를 동반한다.

방언을 사용하는 작가는 단지 혈연적 친밀성만으로 방언을 사용하지 않는다. 어떤 개별 언어가 갖는 색깔과 맛, 그리고 그 언어의 사회적 환기력까지도 예민하게 감지하여 사용하려고 애쓴다. 작가는 문장 속에 구현한 방언의 미의식이 다수에게 전달되는 것을 포기하더라도 그 언어가 가닿고 싶은 미의식의 본질을 드러내고자 한다. 나무나 풀을 '베어내다'의 의미 범주에 드는 다른 표준어 '찌다'가 있다. 그러나 이 '찌다'의 뜻과 어감은 '베어내다'와는 사뭇 다르다. 배게 난 것을 성기게 베어내는 것을 이르는 말인데 연장도 조선 낫이어야 하는 작업의 심상까지 담고 있다. 이 말의 뜻과 색깔을 아는 사람이 드물어져가고 있다 하여 작가가 이 말을 버리고 보다 보편적인 '베어내다'를 써서는 안 된다고 본다.

흔히들 문학작품에 방언이 사용되면 사실성을 겨냥한 것으로만 간주하려고 한다. 전혀 틀린 시각은 아니다. 소설에서 인물이 방언을 사용한다면 그 방언에는 여러 정보가 내재해 있다. 그 인물이 쓰는 방언의 특색으로 출신지를 미루어 짐작할 수 있고, 말투에서 계층과 성격을 엿볼 수 있을 것이다. 그리고 인물의 입말이 자아내는 활력으로 인해 소설이 보다 흡인력을 얻을 수도 있다. 그러나 방언은 이보다 훨씬 풍요로운 세계를 배후에 거느리고 있다.

나는 할머니를 회상할 때 그이가 사용한 언어들을 떼놓고 상상할 수 없다. 일흔이 넘은 할머니는 끊임없이 독백을 했다. 마치 말을 잃을까 두려운 독거자처럼 종일 꿍얼거렸다.

어떤 때는 화자가 당신이기도 했지만 어떤 때는 전혀 낯선 사람이 되기도 했다. 일테면 "네 이년!" 하고 뜬금없이 소리칠 때가 있는데 그럴 때는 누군가 할머니에게 상처를 준 사람이 문득 떠올랐거나 다른 사람이 지금 당신의 기억 속에서 살아와 당신을 질책하고 있는 게 분명했다. 할머니는 집안에 생명이 탄생하거나 기일이 돌아오면 비난수를 곧잘 했는데, 그 노골적인 기원의 사설들이 전혀 낯 뜨겁지 않았던 것은 그 행위가 독백의 연장이었기 때문이다.

"지들찌리 서로 정을 띠느라고 요것들이 요렇게 추운갑다."

언젠가 내리는 눈을 손바닥으로 받으면서 할머니가 중얼거린 소리이다. 이 중얼거림은 오랫동안 내 가슴속에서 녹아 사라지지 않았다. 무슨 연유로 그 소리가 가슴에 얹혔는지 모른다. 그러나 그 중얼거림이 어떤 맥락을 얻기까지 이십 년 넘는 세월이 더 쌓여야 했다. 어느 때는 할머니가 8남매의 맏이로 태어났다는 사실을 알게 되었다. 또 몇 년이 흘러서는 그이의 손아래 피붙이 하나가 멀리서 세상을 등졌다는 사실을 알게 되었다. 늙은 할머니는 피붙이의 부음을 듣기만 할 뿐 문상을 가보지는 못했다. 그렇게 그이는 손아래 일곱 남매를 앞세웠다. 앞세운 것은 친동기들뿐이 아니었다. 아들 하나도 앞서갔다.

그리고 어느 날 나는 또 항간의 이런 속설도 듣게 되었다. 어떤 이웃 여자는 먼저 보낸 남편이 꿈길로 찾아와 어찌나 매정하게 구는지 서럽다고 이야기했다. 부친상을 치른 아들은 갑자기 밤으로 뒷간길이 무서워져서 문지방을 못 넘겠다고 했다. 망자가 정을 떼느라 그런다고 사람들은 말했다.

그런 일화들이 '지들끼리 서로 정을 띠느라고 요것들이 요렇게 추운갑다'는 할머니의 말 위에 쌓였다. 비로소 나는 눈의 속성을 읊은 한마디가 생의 내력에 닿아 빛나는 진경을 체험할 수 있었다. 뒷날 할머니의 이 육성 한 토막을 떠올리며 소설 「매향」을 썼다. 나는 이 삭아서 뜬물 같은 말마디에 육체성을 불어넣으려고 그 많은 문장들을 빌려왔는지 모른다. 시인들이 기다리는 언어 중에 위와 같은 언어도 있으리라 생각한다.

방언의 상상력은 그 방언을 사용하는 공동체의 상상력이다. 방언으로 구축된 문장은 구어체에 가깝고 그 구어체가 이끄는 언어는 농경사회의 상상력에 닿아 있다. 농경사회의 상상력에서 발화한 언어들은 자연과의 오랜 교감에서 나온 비유와 은유로 풍성하다. 농투성이들이 사용하는 입말이 그렇고, 관용구가 그렇고, 속담이 또한 그러하다. 죽음이 죽음이지 않고 '돌아가심'이 되었을 때 그 언어가 앞뒤로 열리며 아득해지듯이 방언에는 참으로 유서 깊은 말들이 많다. 방언에는 그 말을 사용하는 사람들의 오랜 체취와 정조가 묻어 있다. 오랜 시간의 퇴적 위에서 태어난 언어들이다. 또한 그 구어체가 갖는 문장은 서구화된 문장과 아주 다른 격조마저 품고 있다.

> 딸 집이 머 소식 듣고 자먼, 가서 먼 소식 적어주먼, 인자 고리 갖고 가고, 갖다주고, 이리저리 해갖고 으디 안 가본 데가 없어. (『그때는 고롷고롬 돼 있제―벌교 농부 이봉원의 한평생』, 뿌리깊은 나무)

이런 어문 구조가 다음 정지용의 산문(「별똥이 떨어진 곳」)에서 빼어나게 구현되는 것을 보라.

> 밤뒤를 보며 쪼그리고 앉았으려면, 앞집 감나무 위에 까치 둥우리가 무섭고, 제 그림자가 움직여도 무서웠다. 퍽 치운 밤이었다. 할머니만 자꾸 부르고, 할머니가 자꾸 대답하시어야 하였고, 할머니가 딴 데를 보시지나 아니하시나 하고, 걱정이었다. (「별똥이 떨어진 곳」, 『정지용 전집 2』, 민음사)

방언의 입말은 곡선을 지향한다. 사물의 본질과 언어의 의미를 에두른다. 어느 시골 농가에 홀로 지내는 할머니를 이웃 할머니가 방문한다. 방문자는 대화를 트느라 "어지께는 대문도 안 걸고 으디를 갔다야?" 하고 묻는다. 이제 이 말에 대답하려면 어제 하루 일과가 다 나와야 한다. 질문을 받은 할머니는 누구네 담배 모종 심는 품앗이도 가고 하느라 하루 내내 바빴다고 대답한다. "근디 문이 훤히 열렸던디." 이웃 할머니는 자꾸 열린 문을 들먹여서 어제 자신이 마실 온 사실, 안 보여서 걱정했고 심심했다는 마음을 은근히 전한다. 할머니는 웃으며 응수한다. "우리 집 문은 문 못 닫는 사람이 열면 그랴." 당신이 오기 전에 또 누군가가 다녀갔다는 이야기이다.

내가 주운 말들 중에 이런 말들이 더 있는데 한껏 여유롭게 에둘러 내뱉는 말들이 정작 정곡을 찌르고 있는 걸 확인할 수 있을 것이다.

"나는 니가 다시 줏어묵고 나오는 줄 알었다."(화장실에서 늦게 나온 사람을 두고 타박하는 소리)
"엉뎅이 긁은 손꾸락이 왜 콧등으로 올라가냐?"(뭔가 뒤가 켕기는 사람을 몰아세우는 말)

"신앙심 읊으믄 보기가 영 괴로워야."(아주 못생긴 사람을 두고 이르는 말)

"배춧잎 싹이 밭으로 도로 달레가것다."(간이 덜 밴 김치를 두고 하는 말)

"오늘 갯값을 물어!"(말싸움을 하며 상대를 윽박지르는 말)

본디 언어가 사물을 낳지 않고 사물이 언어를 낳아서 언어는 늘 부족하고 표현에 한계가 많다. 작가는 언어의 부족과 표현의 한계에서 절망한다. 작가는 '~다'로 끝나는 종결어미의 그 뻑뻑함도 못 견뎌서 하룻밤을 꼬박 지새울 때가 있다. 작가 이광수가 종결어미 '~다'체를 성립한 것은 뛰어난 성과이기도 하지만 이는 또한 우리 문장에 언어의 감옥을 지은 형국이 되기도 했다. '~다'의 감옥을 못 견뎌 몸부림친 작가 중에 대표적인 이가 박상륭과 서정인일 듯싶다. 박상륭은 구어체 문장에다가 방언을 전면화시키는 문체를 구사하기도 했지만 '썼버렸잖다', '이것입지', '모르겠는다', '되었던다' 따위로 문장을 매듭짓곤 한다. 서정인의 판소리체 문장의 창조적 계승도 그런 고민의 산물로 읽힌다. 19세기 말 여항소설에서 보이던 다채로운 종결어의 부활을 보는 듯한 느낌이 들 정도로 이들의 실험은 다채롭다. 이런 종결어의 사용은 근대 이전으로 퇴행인가? 나는 우리의 문장 끝이 조금 부스러졌으면 좋겠다. 닫히지 말고 열렸으면 좋겠다. 그것은 방언에서 그 영감을 찾을 수 있을 것이다. 방언의 문장은 그 끝이 무지러져서 가시처럼 아프지 않다.

흔히 향토어가 갖는 이미지의 왜곡으로 인해 방언으로 쓰인 작품이 구수하다, 유장하다, 능청스럽다 등의 수사에 포섭당하지만 실제로 표준어로 쓰인 작품보다 파격성에서 훨씬 더 자극적인 경우가 많다. 자극적인 것은 익숙함의 반대 개념에 놓인다. 이는 우리의 입맛이 바뀌었기 때문이다. 서양인의 입맛으로 된장국은 얼마나 자극적인 음식일 것인가? 이제 방언은 실제 언어생활에서도 밀려난 감이 없지 않다. 그 말을 사용하는 공동체가 사라져가고 있기 때문이다. 이문구 문학의 주인공들이 사용하는 방언이 요즘 세대에게는 포스트모던의 기호로도 읽힌다. 이런 현상은 앞으로 더욱 두드러질 것이다.

지금까지 방언으로 문학을 하는 일은 어렵지 않았다. 판소리가 있었고, 백석이며 김유정, 채만식, 이문구, 그리고 많은 문학 선배들이 터를 다져놓았기 때문이다. 그러나 이제 방언으로 문학을 하는 행위는 과거 선배들이 행하던 것보다 훨씬 강도 높은 자의식을 요구한다. 그들보다 더 외로운 작업이 될 것이다. 방언의 운명은 농경의 상상력으로 쓰인 '최후의 문장'이 될 것이기 때문이다.

'헐'과 '샘'의 출세기

8

정은균

언어 전쟁

'헐'은 나이가 어린 말이다. 2000년대 중반에 처음 출현했으니 스무 살이 안 됐다. '헐'은 온라인 채팅을 하는 10대 청소년들 사이에서 그들만의 감탄사처럼 사용되었다. 얼마 뒤 '헐'은 태어나고 살았던 인터넷을 빠져나왔다. 청소년들 사이에서 이루어지는 일상적인 구어 담화, 짧은 쪽지글 같은 비교적 격식을 차리지 않은 글말들에서 쓰이기 시작했다. '헐'이 독보적인 유행어 지위에 오르기까지는 그리 오랜 시간이 걸리지 않았다. 2010년대 전후에 이르러 청소년들 사이에서 유일한 감탄사처럼 쓰이게 되었다. 사용자층도 확대되었다. 학교 안에서 청소년들과 함께 '헐'을 자연스럽게 쓰는 교사들이 눈에 띄게 늘어났다.

　나는 감탄사 '헐'을 보면서 언어의 운명을 생각한다. 말은 영원불멸하는 것이 아니다. 유구한 시간의 흐름 속에서 생장하고 소멸한다. 우리말에서 대표적인 주격조사로 쓰이는 '~가'는 오백 살이 채 되지 않는다.[1] '어여쁘다'라는 말은 조선시대와 오늘날의 뜻이 다르다.[2] 지금 사람들은 '내괴' 같은 조선시대 감탄사[3]를 더는 쓰지 않는다. 어느덧 국민 감탄사 같은 위상을 갖게 된 '헐'의 운명은, 2000년대 초반 등장해 한 시절을 풍미하다가 역사의 뒤안길로 사라진 또 다른 감탄 표현 '뷁'과 대비된다. '헐' 역시 영원불멸할 리 없다.

'헐'은 일종의 사회 방언이다. 사회 방언은 성, 연령, 교육 수준, 직업, 사회계층 등 사회문화적 요인에 따라 구별되는 방언을 말한다. '헐'은 청소년이라는 특정 세대나 연령층 사이에서 주로 쓰이는 세대어로 출발했다. 그들 사이에서 집단 의식이나 연대감을 살리는 구실을 하다가 다양한 담화 맥락에서 쓰이고 사용자층이 늘어나면서 보통의 감탄사처럼 자리를 잡았다. 산삼 캐는 일을 직업적으로 하는 사람을 가리키는 '심마니'나, 이들 심마니가 산삼을 발견했을 때 쓰는 '심봤다' 같은 말의 운명과 비슷하다. 이들은 애초 은어로 출발했다가 일상어처럼 그 의미나 쓰임새가 넓어졌다.

---

1 15세기 조선시대에는 주격조사의 기본형으로 '~이'만 쓰였다. 15세기에 1인칭대명사 '나'를 문장의 주어로 표현하기 위해서는 '나'에 '-이'를 붙인 '내'를 써야 했다. 주격조사 '~가'가 처음으로 발견된 것은 16세기 후반경이다. 1572년경 송강 정철의 어머니 안 씨가 쓴 한글 편지에 '~가'의 최초 사례가 실려 있다.

2 '어여쁘다'는 '생긴 모양이 아름다워 눈으로 보기에 좋다'라는 뜻을 가진 '예쁘다'를 예스럽게 표현한 말이다. 그런데 '어여쁘다'는 조선시대에는 '불쌍하다'의 뜻이 있었다.

3 홍명희가 쓴 장편소설 『임꺽정』은 조선시대 중기를 배경으로 하는 작품이다. 이 작품에 감탄사 '내괴'가 자주 나타난다.

나는 과거와 달리 청소년들이 주로 쓰는 세대 언어의 사용 범위가 넓어지면서 공식적이거나 격식적인 담화 현장에까지 자연스럽게 스며드는 현상을 흥미롭게 보고 있다. 몇 년 전 중학교 2학년 국어 교과를 맡았을 때였다. 새 학년 새 학기를 시작한 무렵이라 학생들이 직접 말해주는 일상을 자세히 듣고 싶었다. 교사와 학생이 각자의 삶과 생각을 매개로 이야기를 나누면 서로 더 친밀한 관계를 맺을 수 있다. 마침 시 한 편을 읽으면서 표현법을 익히는 단원이 교과서에 있었다. 나는 교과서에 실린 시를 바탕으로 패러디 시를 쓰는 활동을 실시하였다. 패러디 시에 각자 경험이 들어가게 내용을 구성하고, 해당 단원에서 배워야 하는 표현법 몇 가지를 활용하라고 학생들에게 요구하였다.

며칠 뒤 우리 반 학생들이 낸 활동지를 살펴보다가 영수(가명)가 쓴 글에서 '앙 기모찌'라는 낯선 표현이 들어간 시구를 발견했다. 나는 그 말의 음상音相이나 어감을 느끼면서 일본어에서 유래한 표현 같다는 생각을 했다. 특별히 다른 부정적인 의미나 뉘앙스를 떠올리지 못했다. 영수가 쓴 '앙 기모찌'는 초등학교 6학년 때 시험공부를 부지런히 해서 성적이 올라 부모님에게 칭찬을 받았다는 문맥 속에 등장하고 있었다. 전체적으로 내용 전개 방식이 자연스러웠고, 다양한 표현법을 활용하는 수준이 무난했다. '앙 기모찌'의 정체나 의미에 대해 달리 의심할(?) 근거나 이유가 없었다.

나는 영수가 쓴 시를 우수작으로 골라 교실에서 낭송했다. 문제의 '앙 기모찌'가 내 입 끝에서 흘러나오자 몇몇이 키득거리며 웃었다. 학생들에게 물었다. "얘들아, 표현이 낯설어 그런 거야?" 그러고는 영수를 바라보며 말했다. "영수야, '기모찌'라는 말이 뜻이 이상하거나 부정적인 건 아니지?" 영수가 얼굴에 묘한 표정을 지으며 고개를 끄덕였다. 그런데 학생들이 묘한 웃음을 지은 데는 이유가 있었다. 며칠 뒤 후배 교사와 점심 식사를 하다가 우연히 영수가 쓴 패러디 시 속의 '기모찌'와 교실에서 펼쳐진 상황에 대해 이야기를 나누었다. 그가 인터넷 비제이[BJ], 야동, 성적 표현 같은 단어들을 써가며 '기모찌'를 설명해주었다.

나는 그 자리에서 특징적인 청소년 언어를 대변한다고 알려진 '급식체'라는 말도 처음 만났다. '급식충'은 '학교급식'의 '급식'에 특정 부류의 사람을 비하하는 의미를 담은 접미사 격의 '충蟲'[벌레]이 결합되어 만들어진 말이다. 요즘 학교를 다니는 청소년들 중에는 스스로를 '급식충'이라고 부르는 이가 적지 않다. '~충'이 들어가는 말로 '진지충'이나 '틀딱충' 같은 단어들을 접해본 이들이 적지 않을 것이다. 이들은 재미없고 진지하기만 한 사람이라는 의미(진지충)나 노인 세대를 비하하고 혐오하는 의도(틀딱충)가 담겨 있다. 급식충은 해당 의미 범주에 속하는 학생 청소년들이 스스로를 자조적으로 일컬을 때 즐겨 쓰인다는 점에서 '진지충'이나 '틀딱충' 같은 말과 차이가 있다.

영수 글에서 만난 '기모찌'는 당시 부상하기 시작한, 급식충들이 즐겨 쓰는 급식체 단어의 하나였다. 급식체는 급식충들이 은어처럼 쓰는 말들을 총칭하는 표현이다. 나는 인터넷에서 '기모찌'라는 단어를 검색해보았다. 자료들을 보면서 급식충들이 쓰는 급식체가 꽤 광범위하게 쓰이고 있다는 것을 알았다. 급식체로 분류되는 표현들에 특별히 부정적인 어감이나 뉘앙스가 담겨 있는 것 같지는 않았다. 그러나 몇몇 단어들은 지나치게 비틀어진 형태 때문에 사용 과정에서 다른 사람과의 의사소통에 어려움을 불러올 것 같았다. 어떤 사람에게는 소외감이나 불쾌감을 불러일으킬 것 같기도 했다. 그런 사실을 전혀 모른 채 학생들 사이에서 성적인 뉘앙스를 은밀하게 풍기면서[4] 쓰이는 급식체 중 하나를 공적인 수업 현장에서 공개적으로 발표한 것이었다. 기분이 묘했다.

급식체는 출처가 다양하고 사용 범위가 넓다. '기모찌'처럼 인터넷 유튜브 같은 온라인 공간에서 활약하는 유명인이나 지상파 방송 같은 대중매체 프로그램에 출연한 인기 연예인이 최초 출처로 등록되어 있는 경우가 적지 않다. 평범한 누리꾼들이 감각적으로 기지를 발휘해 만든 출처 불명의 말들도 상당할 것이다. 급식체는 세대어적인 특성이 강하다. 이 때문에 10대 청소년들이 주로 모이는 온라인 소통 공간에서 그들 특유의 자유로움이나 동질감을 자연스럽게 확인하는 수단으로 널리 쓰인다. 최근에는 언어 사용의 측면에서 상대적으로 보수적이라고 할 수 있는 공중파 프로그램 출연자들의 말이나 자막에서도 급식체를 자주 발견한다.

급식체의 표현 형식은 다채롭다. 온라인게임 채팅창에서 자주 쓰이면서 퍼진 'ㅇㅈ(인정)', 'ㅇㄱㄹㅇ(이거 레알real, 이거 진짜?)'처럼 한글 자모를 초성으로만 쓰는 방식으로 단어를 해체하거나, 온라인 게시판이나 댓글들에서 널리 쓰이는 '박ㄹ혜(박근혜)', '띵작(명작)', '댕댕이(멍멍이)' 같이 하나의 단어를

---

4 그렇다고 이 말을 쓰는 사람들 모두가 그런 의미나 뉘앙스를 의식하고 있다고 단정해서는 안 된다. 몇 주 뒤 영수에게 처음 글을 쓰면서 '기모찌'에 숨어 있는 성적 의미나 뉘앙스를 알고 있었느냐고 물었다. 영수는 자세히 모른다고 했다. 어느 정도는 알고 있었지만, 그 말이 그런 의미로만 쓰이는 게 아니라 기분이 좋을 때 감탄사처럼 쓰이기도 해서 썼다고 했다. 학생 청소년들이 비속어나 욕설 따위 부정적 요소가 들어간 표현들을 감탄문이나 의미를 강조하는 문맥에서 사용하는 경향이 최근 들어 부쩍 커진 것 같다. '졸라 좋다', '개좋다' 들이 그런 예다.

구성하는 자모음 글자를 그와 모양이 비슷한 다른 글자로 표현하는 방식, '롬곡옾눞(폭풍눈물)'처럼 글자를 회전해 나타내는 방식 등 여러 가지가 활용된다. 이들은 처음 온라인 커뮤니티인 '디시인사이드'의 '야구 갤러리'에서 생겨나고, 우리 고유문자인 '훈민정음' 자모 글자를 적극적으로 활용하는 데 착안하여 '야민정음'이라는 별칭으로 불리기도 한다.

급식충을 일상적으로 만나면서 사는 교사들 중에는 예의 후배 교사처럼 청소년층 특유의 언어에 예민한 감수성을 보이는 이들이 많다. 그들은 급식체처럼 특정 시대에 유행하는 청소년 언어의 향방에 관심을 갖고, 이를 언어적인 의사소통의 장에서 적극 활용하려고 한다. 서로 다른 세대 사이에 가로놓인 격차를 해소하여 조금이라도 더 원만한 관계를 유지하는 데 이들 언어를 사용하고자 하는 것이다.

어떤 사람들은 언어 감수성의 안테나를 이와 다른 차원에서 활용하기도 한다. 이들은 급식체 같은 청소년 세대 특유의 언어가 기존의 언어 질서나 규범을 파괴하는 데 일조할 뿐이므로 되도록 사용을 자제할 것을 권고한다. 또한 이들은 말이나 글이 담당하는 기본적인 의사소통 기능에 주목한다. 그런 점에서 'ㅇㅈ'이나 '띵작' 같은 급식체 표현들을 단순한 언어유희의 산물이 아니라 사회적으로 통용되는 언어 규범을 해치는 독소처럼 간주해야 한다고 생각한다.

　인간 언어의 발달사에서 잔소리꾼이나 언어 불평자는 늘 있었다. 그들은 이렇게 말한다. 우리말이 위기에 빠져 있다. 우리말 교육이 학교에서 제대로 이루어지고 있지 않다. 학생들이 쓴 글을 보고 있으면 걱정스럽다. 정체불명의 외계어 같은 말들이 널리 쓰이면서 우리 고유의 언어 체계가 어지러워지고 있다. 주범은 사회관계망서비스^{SNS}나 '유튜브' 같은 인터넷 공간에서 새로 만들어지는 말들이다. 과거에 없던 새로운 기술과 이에 따른 소통 수단들이 늘어날수록 일상적인 언어생활이 걷잡을 수 없이 혼란스러워질 것이다. 이대로 가면 언젠가 언어적인 의사소통이 불가능해지는 상황에 직면할지도 모른다. 스피커에서 들려오는 그들의 목소리에는 절박함이 묻어 있다.

　나는 지금 이 주장들에 담긴 논리의 타당성을 조목조목 따질 여유가 없다. 청소년들이 주로 사용하는 급식체 같은 언어의 특징과 원인을 광범위하게 분석하여, 그 결과를 바탕으로 청소년 언어를 바라보는 서로 다른 관점과 태도를 비판할지면도 부족하다. 다만 나는 청소년 세대 특유의 언어에 급식체라는 명칭이 붙고, 그 말들이 주요 사용 주체인 10대를 뛰어넘어 전 세대로 확산되고 있는 사회·문화적 현상의 배경과 의미가 궁금하다. 이즈음 급식체로 대변되는 청소년 언어는 주된 서식지인 온라인 공간의 글말 맥락을 벗어나 오프라인의 일상적인 구어 담화 현장에까지 넓게 퍼져 사용되고 있다. 우리 사회에서 전반적인 언어 변화를 이끄는 구실을 하고 있는 것이다. 나는 이러한 현상에 담긴 사회·문화적 의미가 적지 않을 것이라고 본다.

사회언어학 창시자 중 한 명인 윌리엄 라보프가 박사 학위 논문을 준비하면서 수행한 유명한 연구가 있다.[6] 1966년 라보프는 미국 뉴욕 시에서 사회계층상 각각 상, 중, 하를 대표하는 세 백화점을 찾아 사람들이 'fourth floor[4층]'을 어떻게 발음하는지 관찰했다. 뉴욕의 하층 노동자계급은 모음 뒤 'r'를 뚜렷이 발음하지 않는 특징을 보이곤 했다. 이 점에 착안하여 뉴욕 시민들이 'r'를 실제 어떻게 발음하는지 살폈다. 사회계층에 따른 언어 사용의 특징을 밝히기 위해서였다. 예상한 대로 뉴욕 시민들은 사회경제적으로 하층에 속할수록 'r'

---

6 라보프의 연구 결과는 1966년에 *The Social Stratification of English in New York City*(뉴욕 영어의 사회적 계층화)라는 단행본으로 발간되었다. 이 책은 권위 있는 사회방언학 저서로 평가받고 있다. 라보프가 수행한 구체적인 연구 내용은 로버트 레인 그린(Robert Lane Greene), 『모든 언어를 꽃피게 하라』(모멘토, 2013) 160~163쪽에서 가져왔다.

를 발음하지 않는 '뉴욕스러운' 말씨를 선호했다. 이러한 'r' 생략 현상은 뉴욕 시민의 일상언어에서 자주 발견되는 특징으로 확대되었다. 라보프는 뉴욕 사람들이 'r'를 생략하는 언어 습관을 "숨겨진 위세covert prestige", 곧 노동자계급의 연대와 자부심을 드러내는 방식의 하나라고 해석했다.

누군가는 뉴요커들의 'r' 생략 현상을 통해 그들의 성실성이나 교양 정도를 판별할 수 있다고 주장할지 모른다. 'r'를 발음하면 사리를 잘 분별하고 교양이 있는 반면 그렇지 않으면 게으르거나 나태하다는 식으로 말이다. 그러나 뉴요커들은 스스로 'r'를 생략한 말하기를 즐기면서도 그러한 생략 현상이 바람직하다고 생각하는 것은 아니었다고 한다. 라보프가 뉴욕 하층 시민들의 노동자풍 말투를 관찰하면서 "숨겨진 위세"라는 해석을 한 것에 대해서도 절대적으로 바라볼 필요는 없다. 뉴욕의 중하층lower middle classes 시민들은 무엇인가를 여러 사람 앞에서 큰 소리로 읽는 것과 같은 공식적이거나 격식을 차린 상황에서 중상층upper middle classes 사람들보다 'r'를 더 신중하게 발음했기 때문이다.

나는 뉴요커들의 이중적인[7] 말하기와 이에 대한 라보프의 연구에서 얻을 수 있는 시사점이 있다고 생각한다. 정체성 정치학identity politics과, 사회언어학상의 주요 개념 중 하나인

'양층언어^{diglossia}'를 통해 이 문제를 풀어보자. '정체성 정치'는 한 사회집단의 구성원들이 인종, 민족, 계급, 종교, 성 등의 지배관계상 위치에 따라 스스로 규정한 정체성과 이해관계에 바탕을 두고 펼치는 정치적 행위를 가리킨다. 언어가 정치적 의사 표현을 위한 중요한 수단이라는 점에 동의한다면, 한 개인이 특정한 담화 맥락에서 어떤 언어 유형을 사용하는가 하는 문제 역시 정치적이라는 전제에 쉽게 수긍할 수 있을 것이다.

부모나 교사가 자기 자녀나 학생들과 수평적이고 친밀한 관계를 맺으려고 할 때 손쉽게 활용할 수 있는 방법이 있다. 자녀나 학생들이 평소 즐겨 쓰는 말을 되도록 자연스럽게 구사하면 된다. 여기에는, 서로 다른 세대가 쓰는 언어 사이에는 차이가 있으며, 이러한 차이를 극복하려고 노력하는 과정에서 소통이 자연스러워질 수 있다는 논리가 숨어 있다. 한 발 더 나아가면 기성세대가 주로 쓰는 위세 있는 상층의 말과 청소년 계층 같은 새로운 세대가 쓰는 하층의 말이 양층언어 생태계를 만들면서 상황과 문맥에 따라 선택적으로 쓰

---

7 일상적인 구어 담화에서 'r'를 자연스럽게 생략하다가도 말에 좀 더 주의를 기울여야 하는 공식적인 말하기에서는 의식적으로 발음하려고 한다는 점에서 그렇다.

일 수 있음을 보여준다.

급식체를 포함한 청소년 언어는 전형적으로 하층 언어의 범주에 속한다. 양층언어에 관한 사회언어학적 기본 관점에 따르면 하층 언어는 거리와 시장의 언어이자 우정과 연대의 언어다.[8] 급식체는 기본적으로 청소년들 중심의 또래 집단 사이에서 은밀한 소통이나 세대 동질감을 주고받을 때 쓰인다. 과거에는 이런 청소년 세대 특유의 언어를 바라보는 시선이 대체로 부정적이었지만, 최근에는 기성세대의 시선이 지난날에 비해 비교적 유연하고 우호적인 쪽으로 바뀌었다.

한글날 무렵이면 과격한 언어 규범주의자들이 연례행사처럼 볼멘소리를 낸다. 그것은 인터넷이나 방송을 통해 널리 유행한 신조어나 유행어를 한글 파괴의 주범으로 모는 계몽주의적인 교훈의 목소리다. 방송통신심의위원회 같은 공적 심의 기구에서 툭하면 내놓는 '방송은 바른 언어생활을 해치는 억양, 어조, 비속어, 은어, 유행어, 조어, 반말 등을 사용해서는 안 된다'(방송심의에 관한 규정 제51조 제3항)라는 강제 규정이 언어 규범주의자들이 아끼는 전가의 보도다. 이들을 제외하

---

8 로버트 레인 그린, 앞의 책, 168쪽.

고 보면, 급식체 같은 청소년 언어의 위상이 과거에 비할 바 없이 높아졌다고 봐도 무방하다. 일부 방송 예능 프로그램 같은 곳에 '갑분싸'[9]나 'ㅇㅈ' 같은 대표적인 급식체 활용 자막이 등장하기 시작한 지 오래다. SNS에서 나이 든 기성세대들이 자연스럽게 '인싸, 아싸'[10], '할많하않'[11] 같은 급식체식 줄임 표현을 활용하는 것을 보라.

청소년 언어는 급기야 교육 당국의 정책 문서 한 귀퉁이를 채우는 내용으로도 등장하였다. 2019년 1월 서울시교육청이 조직 문화 혁신 방안을 발표했는데, 여기에 학교 구성원들 간의 수평적인 호칭을 위해 권고하고 있는 단어의 예로 '쌤'이 등장한다. 두루 아는 것처럼 '쌤'은 '선생님'이라는 3음절 단어에서 각 음절의 초성, 중성, 종성 글자(ㅅ, ㅐ, ㅁ)를 가져와 만든 '샘'을 강하게 표현한 말이다. '샘'은 2000년대 초중반경 인터넷에서 청소년들 사이에 쓰이는 비공식적인 호칭어로 출발했다. 그러다가 이제는 학교에서 '선생님'을 줄여 부

---

9 '갑자기 분위기가 싸해진다'를 줄여 이르는 말이다.

10 '인사이더(insider), 아웃사이더(outsider)'를 줄인 '인사, 아사'를 강하게 표현한 말. 또래 사이에서 운동이나 공부를 잘하거나 인기가 많으면 '인싸', 그렇지 않으면 '아싸'로 구별한다.

11 '할 말은 많지만 하지 않겠다'를 줄여 쓴 말이다.

를 때 쓰이는 공식적인 말처럼 사회적 위상이 높아졌다.

'갑분싸'나 '쌤' 같은 청소년 언어가 상대적으로 권위 있는 주류 매체나 화자의 입과 손끝에서 자연스럽게 만들어지는 현상의 사회·문화적 의미를 끄집어낼 수 있을까. 만약 서로 다른 민족이나 세대 사이에 언어를 두고 벌어지는 '언어 전쟁'이 있을 수 있다면, 나는 청소년 언어가 적어도 사회·문화적 차원의 전투[12]에서 일차적으로 승리를 거두었다고 평가하고 싶다. 이를 좀 더 확대 해석하여 언어를 둘러싼 사회문화적 권력의 재편[13] 차원에서 볼 수도 있을 것 같다.

새말들에는 불통 언어, 한글 파괴 언어, 국적 불명의 언어와 같은 낙인이 찍힌다. 그런 가운데서도 새말들은 사용층과 사용 범위가 지속적으로 늘어나고 있다. 사전에 공식적으로

---

12 정치적 차원의 전투는 이제부터 본격화할 것이다. 나는 선거 연령 하향(만 19세에서 만 18세로)을 골자로 하는 '공직선거법'이 2019년 12월 국회에서 개정됨에 따라 만 18세 청소년들의 참정권 시대가 본격적으로 펼쳐진 제21대 국회의원 총선거(2020년 4월 15일 실시)가 첫 번째 장이 되었다고 본다. 당시 만 18세 유권자 수는 54만여 명이었다. 전체 유권자의 1.2퍼센트에 불과한 규모이지만, 대통령 선거에서라면 당락에 상당한 영향을 미칠 수도 있는 숫자다.

13 당연히 청소년 언어를 포함한 젊은 세대의 언어가 사회·문화적으로 유행하듯 쓰이는 현상의 이면에 기성세대(특히 노년층)를 향한 혐오나 나이 듦에 대한 경멸의 태도 같은 것들이 숨어 있지 않은지 살펴볼 필요가 있다고 본다. 이런 문제는 지금 우리의 관심사에서 벗어나므로 본격적으로 다루지 않는다.

언어 전쟁

등록될 가능성이 높은 후보 단어 목록에 이름을 올리고 있는 새말들이 갈수록 더 늘어나고 있다. 극히 자연스러운 표준어처럼 쓰이는 '가성비', '식감'[14] 같은 말은 태어난 지 열 살이 채 안 된 젊은 말이지만 사람들 사이에서 널리 쓰이게 되면서 우리에게 신조어 느낌을 거의 풍기지 않는다. 나는 이들이 표준어로 등재될 날이 머지않다고 생각한다. 이와 관련된 사례들은 아주 많다. 국립 어문 연구 기관인 국립국어원에서 2016년에 출범시켜 개방형 국어사전처럼 쓰고 있는 '우리말샘'에 오른 단어만 해도 현재 2만여 건이나 된다고 한다.

청소년 언어가 언어 전쟁에서 승리했다는 사실이 진실에 가깝다면 이를 어떻게 받아들여야 할까. 인간의 정신적 정체성은 한 번에 한 켤레씩밖에 신을 수 없는 신발과 달리 매우 다채롭다.[15] 나는 오십 대 초반의 남성 국어 교사다. 그런데 어떤 상황에서는 십 대 중반의 중학교 남녀 학생들과 함께 그들의 언어를 자연스럽게 구사하고, 그들과 비슷한 정신적 정체성이 있는 것처럼 스스로를 연출한다. 이렇게 본다면 청소년 세대 특유의 언어를 다른 세대 구성원들이 자연스럽게

---

14 현재 이들 두 단어는 표준어가 아니다.
15 영국 역사학자 에릭 홉스봄(Eric Hobsbawm)이 한 말이라고 한다.

쓰는 사실을 세대 간 융화와 공감 범위의 확대라는 측면에서 긍정적으로 바라볼 수 있을 것이다. 언어 전쟁의 승자는 청소년 세대이지만, 그 전리품은 청소년 세대뿐 아니라 전 세대가 누릴 수 있다.

속도의 언어와
시적 언어

9

황
규
관

언어 전쟁

언어는 존재의 집이다. 언어라는 가옥 안에 인간은 거주한다.
사유가와 시인은 이러한 언어의 파수꾼이다.

—마르틴 하이데거

언어와 문화

조르주 바타유는 『에로티즘』(민음사)이란 책에서 인간과 다른 동물 사이의 구분 선 세 가지를 들었는데, 그것은 노동, 죽음에 대한 의식 그리고 섹스였다. 하지만 달리 생각해보면 죽음에 대한 의식이나 노동도 결국 언어를 통해서만 가능한 것이다. 인간에게 세계를 의식하는 능력이 있다면 그것은 당연히 언어 작용을 통해서일 테고, 단순히 종족 보존을 위한 교미가 아닌 문화적인 맥락을 갖는 섹스도 어쩔 수 없이 언어 작용을 통해서 가능한 것이 아닐까. 여기서 말하는 '언어'는 단지 말하는 것이나 쓰는 것만을 가리키지 않는다. 발화되기 이전이나 쓰기 전의 사고도 우리는 언어라고 부를 수 있다. 언어가 인간의 특징을 구분 짓는다고 해서 언어를 가진 인간이 우월하다는 뜻은 물론 아니다.

마르틴 하이데거는 "언어는 존재의 집이다"라는 유명한 언명을 남긴 「휴머니즘 서간」에서 존재와 사유, 그리고 언어의 관계를 다루면서 다른 종들에게는 '존재의 밝음'이 없다고 말한 바 있다. 정확하게는 이렇게 말했다. "식물과 동물은 그때마다 자신의 주변^{Umgebung} 안으로 생^{生}을 확장하여 적응하기는 하지만 결코 존재의 밝음 안으로—단지 존재의 밝음만이 세계다— 자유롭게 들어서지 못하기 때문에, 그들에게는 언어가 결여되어 있다." 나는 하이데거가 말하는 '존재'나 '존재의 밝음' 등에 대해서 모호한 느낌 이상을 갖고 있지 않지만, 내가 인간인 이상, 그가 무엇을 말하려는지 동감할 수는 있을 것 같다.

아주 오래전에 이런 일이 있었다. 농사를 짓겠다고 잠깐 시골로 내려갔다가 적응하지 못하고 다시 서울로 돌아왔던 때의 일이다. 이른바 '닷컴열풍'이 불던 때인데, 그쪽 분야를 잘 알지도 못하면서 지인의 배려로 관련 업종에서 일을 하게 되었다. 아무래도 그쪽 언어가 내게 스며들었던 모양인지, 농사 흉내를 함께 냈던 분이 오랜만에 만나서 내게 말이 바뀌었다며 좀 쓸쓸해했다. 그 말을 듣고 나도 당황했지만 그것

언어 전쟁

은 사실이었고, 나름 어쩔 수 없는 일이라 자위했던 기억이
난다. 언어라는 것이 추상적인 무엇이 아니고 역사적으로 또
는 문화적으로 형성되는 것이라면 정말 어쩔 수 없는 일 아
니겠는가.

하지만 더 정확하게 말하면 언어라는 것은 생활과 생활을
가능하게 하는 구체적인 장소에 의해서 만들어진다. 누구나
경험하듯이 서울에 살다가 고향에 내려가면 자신도 모르게
잊었던 고향의 언어가 되살아나곤 한다. 잊었던 것이 아니라
기억의 다른 영역에 머물러 있다가 고향이라는 구체적인 장
소에서 자극을 받아 꺼져 있던 그 영역에 불이 들어오는 것
에 가까울 것이다. 이렇게 말하면 기억이라는 것이 우리의
존재 자체일지 모르고, 거기가 밝아지면 그걸 또 '존재의 밝
음'이라고 부를 수도 있다는 견강부회도 가능해진다. 그런데
기억은 가장 원초적인 자극에 의해서 활성화되는 듯도 하다.
이 말은 다시, 우리의 언어는 우리가 사는 구체적인 장소와
그 장소에서 펼쳐지는 문화적인 흐름 속에서 만들어진다는
추측을 가능케 한다. 따라서 장소가 변하면 언어가 따라서
변하고, 다시 문화와 되먹임 작용을 하면서 언어와 문화가
함께 변화한다고 말해야 적절할 것이다.

그런데 언어에 대해 이런 입장을 갖게 된다면 시대가 변함

에 따라 언어도 변한다는 사실에 대해 조금은 여유를 가질 수 있을까? 변한다는 사실을 인정하는 것과 변한 사실을 받아들이는 것은 혹 범주가 다른 문제는 아닐까? 언어가 변하는 것과 함께 당대의 문화가 변한다고는 하지만 어디에나 예외는 있기 마련이다. 사실 이 '예외'에 대해서 말하고 싶은 게 이 글의 목적이기도 하다. 하지만 언어와 문화가 변한다면 거기에 조응해 우리의 내면과 정신도 따라 변하는 것이 진실이다. 이렇게 구체적인 삶과 언어, 그리고 문화는 서로가 서로의 꼬리를 물고 거대한 원환을 그린다. 따라서 최종적으로 남는 문제는 구체적인 삶이 '어떻게' 변하냐는 게 될 것이다.

생각을 아웃소싱하다

그렇다면 오늘날 우리의 언어에 압력을 가하는 가장 큰 환경은 무엇일까. 나는 그것을 고도화된 기술문명이라고 생각한다. 라디오나 텔레비전이 등장할 때도 생활에 큰 변화가 있었을 것이라는 점은 유추하기 어렵지 않은데 다음과 같은 이반 일리치의 경험담은 시사하는 바가 결코 작지 않다. 소년 일리치가 할아버지가 사는 크로아티아의 브라치섬에서 겪은 이야기는 다음과 같다.

> 1926년에 저를 태우고 간 바로 그 배를 타고 확성기가 처음으
> 로 섬에 도착했습니다. 확성기라는 게 있다는 소문조차 들은
> 사람이 거의 없었습니다. 그때까지 남자든 여자든 다들 고만고
> 만한 목소리로 말했습니다. 하지만 그날부터 달라졌습니다. 그
> 날부터 마이크를 누가 잡느냐에 따라 누구의 목소리가 확성되
> 는지가 결정됐습니다. 정적(靜寂)은 이제 공용에 포함되지 않게
> 됐습니다. 확성기들이 서로 차지하려고 경쟁을 벌이는 자원으
> 로 바뀐 것입니다.
>
> ─「빼앗긴 공용, 들판과 고요」 중(『과거의 거울에 비추어』, 느림걸음)

일리치가 겪은 확성기 경험은 기술문명이 우리의 심성과
정신을 어떻게 변화시킬 수 있는지 보여준다. 하물며 확성기
의 영향이 저러했는데, 디지털 기술을 기반으로 한 인터넷과
스마트폰의 등장은 우리에게 어떤 결과를 야기했겠는가.

우리는 사회관계망서비스SNS를 통해 인간관계의 외연이
예전에 비해 넓어졌고 특정 의견을 공유하면서 서로 친밀해
졌고, 시공간적 제약을 넘은 소통을 이루고 있다고들 말한
다. 2020년 5월 현재 가입자 수가 26억 명에 이르는 '페이스

북'은 이용자 각자가 자신의 계정을 만들어 자유롭게 여러 의견을 올리고 일상을 '친구'들과 공유하며, 자신의 계정을 사용자 스스로가 자율적으로 운영하는 것으로 우리에게 인식되어 있다. 하지만 이런 현상 이면에는 다른 것이 작동하고 있다고 전 『뉴리퍼블릭』 편집장 프랭클린 포어는 주장한다. 오랜 기자 생활에서 얻은 경험과 정보를 바탕으로 쓴 『생각을 빼앗긴 세계』(반비)에서 그는 다음과 같이 말한다.

페이스북은 누구에게나 열려 있는 건강한 광장이 아니라, 철저히 관리되는 상명 하달식 시스템이다. 페이스북은 대화의 패턴을 흉내 내지만 표피적인 특성에 지나지 않으며, 사실은 정보를 분류하는 복잡한 규칙과 절차다. 그리고 이 규칙은 페이스북이라는 기업이 궁극적으로 기업의 이익을 얻기 위해 고안한 것이다. 페이스북은 사용자를 끊임없이 감시하고, 평가하며, 행동 실험에 쓰는 실험용 쥐처럼 사용한다. 사용자들에게 선택권을 제시하는 듯한 인상을 주면서, 실은 사용자들을 일정 방향으로 몰아가고 있다. 사용자를 위해 좋은 방향을 제시한다고 하지만, 결국 사용자가 (페이스북에) 중독되는 방향이기도 하다.
—「페이스북이 벌이는 자유의지와의 전쟁」중

자본주의사회에서 운영되는 기업은 모두 자기 이윤을 위해서 존재하므로 저자의 이런 비판은 사실 일반론에 가깝다. 그런데 문제가 그렇게 간단하지가 않다. 그것은 오늘날 4차 산업혁명의 총아로 인공지능이 대두하면서 상용어가 된 알고리즘 때문이다. 알고리즘은 주어진 문제, 즉 데이터를 논리적으로 처리하는 데 있어서 필요한 절차나 방법, 명령어들의 집합을 말하는데, 포어에 따르면 이 페이스북 알고리즘의 복잡성을 극대화시켜 사용자의 반응을 중심으로 "사용자의 인종, 성적 취향, 연인/배우자의 유무, 더 나아가 마약을 사용하고 있는지까지를 단지 그들이 누른 '좋아요'만으로 짐작해낼 수 있다"는 것이다. 만일 이러한 주장이 맞는다면 페이스북은 사용자들을 "일정 방향으로 몰아갈" 수 있다. 그에 대한 몇 가지 사례를 따라 읽어도 좋지만, 여기서 정말 중요한 것은 그러는 와중에 "우리가 사고를 기계에 아웃소싱"하게 된다는 것이다. "사실은 그 기계를 운영하는 기업에게 아웃소싱하는 거"지만 말이다.

내 주위의 페이스북 사용자 중 예민한 사람들은 포어의 저 주장을 이미 실감하고 있다. 그 비근한 예로 정치적 사건이 벌어지면 의견이 갈리다 못해 나중에는 감정이 심하게 훼손당하는 일이 갈수록 잦아지는 것을 들 수 있다. 이른바 '조국 사태'와 일본군 '위안부' 피해자이자 그 자신이 인권활동가인 이용수 할머니의 정의기억연대 비판 기자회견 이후 벌어진 일은 그 생생한 사례 중 하나일 것이다. 여기서 지적하고 싶은 것은 어느 쪽 주장이 진실에 더 가깝거나 정치적으로 올바르냐는 문제가 아니다. 그것보다도 사건을 수용하는 언어와 태도를 가만히 살펴보면, 포어의 주장에 설득력이 있음을 알아챌 수 있다. 우리는 클릭 수에 목숨을 거는 미디어가 생산하는 언어를 페이스북 같은 'SNS'를 통해서 퍼뜨리고 비판하면서 그 논쟁에 끌려 들어간다. 그런데 정말 페이스북이 자신들만의 "정보를 분류하는 복잡한 규칙과 설차"를 통해서 사용자에게 제공하고 있다면 어떻게 되는 것일까.

물론 이 모든 것을 'SNS' 탓으로 돌릴 수는 없을 것이다. 하지만 전통 미디어들이 클릭 수를 구걸할 수 있는 방법이 페이스북 같은 플랫폼에 절대적으로 종속되어 있다면 이야기는 적잖이 달라진다. 전통 미디어 자신도 페이스북의 "정보를 분류하는 복잡한 규칙과 절차"에 둔감해질 수는 없기 때문이다. 전통 미디어가 자신의 목숨 줄을 아웃소싱하고 있다면 기사의 내용과 기사의 언어 또한 그렇다는 의미가 되며, 언어를 아웃소싱하고 있다면 사고와 현실에 대한 입장마저 아웃소싱하고 있다는 얘기도 된다. 그리고 페이스북 같은

'SNS'를 중심으로 언론과 사용자 사이에 뫼비우스의 띠 같은 무한루프가 만들어진다. 이 불길한 예감이 일부라도 사실이라면 우리는 분명 언어를 빼앗긴 채 살고 있는 것이다.

속도 물신주의

이런 것들의 바탕이 되는 디지털 기술 문명은 정보처리와 전송속도를 극대화하기 위해서 모든 것을 코드화하는데, 코드화란 동질화의 기술적 표현에 다름 아니다. 이는 디지털 기술의 본성이다. 모든 신호와 기호를 '0'과 '1'로 환원하는 것이 곧 디지털 기술의 기본 원리인데, '0'과 '1' 사이에는 아무것도 존재할 수 없다. 오로지 '0'과 '1'의 무한한 조합만이 허락될 뿐이다. 이진법은 철학자 라이프니츠의 발명품이지만, 이 이진법이 디지털 기술에 적용되면서 어느 기준 이상의 전기신호는 '1'로, 그 이하는 '0'으로 환원해버린다. 여기서 허락되는 것은 환원된 '있다'나 '없다'와 이것들의 무한 조합뿐이다. 그런데 이 환원과 무한 조합(무한 증식)은 자본의 핵심 원리가 아니던가. '0'과 '1'의 세계는 그래서 다양성의 세계가 아니라 단일성의 세계에 가까우며 다양성이 허락된다면 그것은 '0'과 '1'의 무한한 조합을 통한 다양한 디지털 상품뿐이다. 그리고 이 디지털 상품의 효과가 우리의 정신과 내면에까지 잠입해 우리를 바꾸고 있는 것이다. 이 문제를 파헤치기 위해서는 복잡다단한 분석 과정을 필요로 하겠지만, 디지털 논리의 환원 원리가 디지털 상품의 외형을 입고 출현하고, 다시 디지털 상품이 그것을 사용하는 우리들에게 영향을 끼칠 수 있다는 것을 직관하는 것은 차라리 자연스럽다.

현대는 속도를 절대적으로 숭상하는 시대다. 하지만 사람들은 왜 이렇게 우리가 속도에 열광하며 살고 있는지 따져 보지는 않는 것 같다. 단지 속도가 속도를 낳기 때문일까? 속도가 우리에게 더 강렬한 자극을 주고 심리적 해방감을 주기 때문에 속도에 빠져드는 것일까? 사실 이런 말들은 동어반복에 지나지 않는다. 어쩌면 근대의 속도는 자본의 회전 속도가 파생시킨 현상에 지나지 않을지 모른다. 자본의 회전속도가 빠르면 빠를수록 이윤 창출에 어떻게 유리한지에 대해서는 마르크스가 『자본론』 2권(비봉출판사)에서 상세하게 분석한 바 있다. 물론 자본의 회전속도를 추동하는 것은 집적된 자본에 의해서이긴 하지만, 자본의 속도는 노동의 속도도 강제하는 동시에 다른 면으로는 "신용제도의 기초의 하나로 되는 것임에 틀림없다."(『제15장. 회전시간이 투하자본의 크기에 미치는 영향』) 다시 말하면 글로벌 자본으로 군림하고 있는 금융자본의 역사적 기원도 결국 자본의 회전속도에 가속도가 붙으면서 형성된 것이다. 금융자본의 탄생 비밀이 이 속도에 있다면 인터넷을 통한 빠른 금융자본의 이동은 제 속성에 충실한 것이다.

이 지점에서 우리는 다시 현대 언어를 글로벌 금융자본 시스템과 연관시켜 생각해볼 여지가 생긴다. 점점 그 물질성을 잃어가는 현대 언어가 혹 금융자본이 화폐를 기호화하는 현상과 상동성을 갖는 것은 아닐까? 언어가 물질성을 잃어버리는 사태는 언어의 발화 주체를 구체적인 감각과 자꾸 유리시키는 문명의 흐름과 정말 무관한 것일까? 언어에 무슨 물질성이 있느냐는 반론도 충분히 예상할 수 있지만, 언어라는 것이 무언가를 지시하기에 앞서 지각 작용을 통해서 생성된 인식과 그것의 해석의 표현이라는 관점에서 보자면 언어에도 물질성이 있다는 주장도 그리 무리한 것은 아닐 테다. 특히 시에서 그 생생한 예를 확인할 수 있지만 이 글에서는 어울리지 않는 작업이므로 생략하기로 하겠다. 어쨌든 이런 일이 사실이라 하더라도 그 책임을 각 개인에게 지우는 것은 진실을 한 번 더 비트는 일일 것이다.

오늘날 자본을 비판할 때, 우리는 노동력에 대한 물리적인 착취만을 보려는 경향이 있지만 본질은 시간의 문제이다. 시간을 어떻게 분절해서 효율적으로 착취하는지에 대해서 예민해져야 할 이유가 여기에 있다. 자본주의는 자본가가 노동자의 노동력을 구매해서 상품 생산에 투입하는 현상을 표현하는 언어이지만, 보다 더 정확하게 말하자면 자본가는 노동자의 삶의 시간을 산다. 삶의 시간을 노동의 시간으로, 즉 삶의 시간을 가변자본으로 변형하는 경제체제가 자본주의인 것이다.

이 논의의 결과를 미리 엿보자면, 우리가 지금 숭배하는 속도 물신주의는 자본의 회전속도가 탄생시킨 극단을 가리킨다. 다르게 말하면 우리는 지금 속도라는 질환에 걸려 신음 중인데, 이 질환은 신음을 쾌락으로 변모시킨다. 즉 우리가 속도를 통해 얻는 쾌락의 정도는 정신이나 영혼이 앓고 있는 질환의 정도와 정비례하는 것이다. 문제는 우리가 이러한 도착 증세를 제대로 인식하지 못한 채 도리어 즐기고 있다는 점이다. 병에 걸린 것을 모르는 상태에서는 치유가 불가능한 법이다. 하지만 다행히도 우리의 정신과 영혼은 우리 자신이 어떤 병에 걸렸음을 언뜻언뜻 알려준다. 우리는 다만 그 병의 치료를 위해 자본주의 대중문화에 의탁하거나 또는 정신병원으로 달려간다. 거기에 또 다른 자본주의 산업이 입을 벌린 채 우리를 기다리고 있는데도 말이다.

그런데 만일 이 속도 물신주의에 언어마저 물들어 있다면 어떻게 되는 것일까? 언어와 문화가 서로서로 영양분을 제공하면서 상호작용하는 것이라면 언어가 속도 물신주의에 깊이 침윤되어 있는 것은 전혀 엉뚱하지 않다. 이것은 단지 말을 줄여서 하려는 풍토나 자고 나면 탄생하는 신조어를 염두에 두고 하는 말이 아니다. 물론 그러한 현상도 속도 물신주의라는 공통 기반 위에서 나타나는 것이지만, 언어가 속도 물신주의에 사로잡혀 있다면 우리의 사고와 감정도 그만큼 빠르게 움직일 수밖에 없다. 언어는 단지 지시 대상을 가리키는 도구가 아니다. 언어를 통해서 사고하고 언어를 통해서 감정을 표출한다는 사실을 경험을 통해 충분히 이해할 수 있다. 물론 언어–표현은 언어를 압도하는 사건 앞에서 가끔 중단되기도 하지만 말이다. 그럼에도 불구하고 언어–표현이 그림이나 음악 등과 같은 표현 방식의 바탕이 되는 것도 움직일 수 없는 사실이다.

무엇을 할 수 있을까

그렇다면 언어를 자본주의의 속도에서 빼내오는 것이 당면한 실천일 텐데, 이 일이 개인 차원의 결단의 문제가 아니라는 데에 사태의 심각성이 있다. 도리어 무지막지한 속도의 복판에서 개인은 매 순간 자신의 존재를 잃어버릴 위험에 처하며 실제로 그런 일은 이미 벌어지고 있다. 앞에서 말했지만 거대한 SNS 플랫폼이 회전시키는 속도에 전통 미디어도, 각 개인들도 휩쓸려 들어간 지 오래다. 도리어 자신의 존재를 증명해줄 '강한' 언어를 스스로 개발해야만 하는 형국에 우리는 처해 있다. 특히 유튜브를 중심으로 점점 더 많이 생산되는 가짜 뉴스는, 달리 생각해보면 정치적 바람 때문이라기보다는 자신의 존재를 증명하기 위한 무의식적인 몸부림일지 모른다. 그것이 성공하면 돈까지 벌 수 있는 현실이니 유혹의 기제가 더욱 강한 구심력을 갖는 것은 차라리 자연스러운 일이라고 할 수 있다.

원론적으로만 말한다면, 우리는 우리가 처한 조건을 바꾸거나 벗어나는 것밖에 다른 대안이 없어 보인다. 언어의 변화는 생활의 구체적인 변화를 통해서만 가능하기 때문이다. 하지만 우리를 옭아매고 있는 사회경제적 사정들이 영 복잡한 것이 아니다. 수도권에 모여 살지 않으면 그나마 가느다란 생존마저 위험한 현상이 분명히 존재하기 때문이다. 사실 메트로폴리스 없는 디지털 기술 문명이란 상상하기 힘들 것이다. 자연이 도시를 압도하는 장소에서 디지털 기술의 번창이 쉽지 않은 것은 인프라에 비해 효율성이 떨어지기 때문일 것이다. 자연은 그렇게 반기술적일 수밖에 없지만 자연이 기술에 이미 종속된 것도 오래된 일이다.

아직도 과학기술의 발전이 우리 삶의 영역에서 '객관적 위치'를 차지하고 있는 것처럼 인식하고 있는 사람들이 다수이지만, 사실 자본주의에서 과학기술의 발전은, 마르크스의 용어를 빌리자면 불변자본의 거대화, 집적화에 지나지 않는다. 기술이 발전할수록 노동이 하찮아지고 식민화되는 현상은, 자본주의가 발전할수록 불변자본과 가변자본의 유기적 구성의 변화를 통해 자본이 이윤량을 늘리려 한다는 마르크스의 '일반적 법칙'과 정확하게 부합한다. 마르크스는 어쩔 수 없이 발전주의자의 면모도 가졌지만 한편으로 이런 슬픔도 예견한 사람이다. "과학이 독립적인 힘으로 노동과정에 도입되는 정도에 비례해 노동과정의 지적 잠재력을 노동자로부터 소외시킨다." 여기서 그가 말한 '지적 잠재력의 소외'는 자본의 속도에 휘둘리고 있는 오늘날의 언어 현상에서 두드러지게 나타나고 있는 것은 아닐까?

이렇게 무엇에서부터 시작해야 할지 막연함만 자욱한 상황에서는 어떤 계몽적 결론도 무의미하다. 도리어 계몽적 합리주의 자체가 이 사태의 철학적 뿌리일 수도 있다. 왜냐면 디지털 기술이야말로 결과를 향한 직선의 논리를 바탕으로 하기 때문이다. 그럼에도 불구하고 우리는 무언가를 웅얼거려야 한다. 이 웅얼거림 자체가 '다른 언어'의 생산이거나 최소한 그 시작일 수 있기 때문이다. 웅얼거림이 착란이 된대도 지금은 별도리가 없어 보인다. 사람들은 그나마 시가 자본주의적 기술 언어에 저항할 수 있는 유일한 길이라고 말하곤 하지만 내게는 이제 시마저도 위태로워 보인다. 하지만 시를 문학의 한 장르로서 국한시키지 않는다면 이야기는 조금 달라질 수 있다.

시적 언어의 회복

하이데거는 「예술작품의 근원」(『숲길』, 나남출판)에서 예술작품 속에서는 "진리의 일어남이 존재한다"고 말하면서 특히 "시작詩作, 시 짓기됨으로써, 그것은 존재자의 환한 밝힘과

은닉으로서 일어난다"고 덧붙였다. 여기서 '시'는 물론 문학의 한 장르를 가리키는 것은 아니다. "모든 예술이 그 본질에 있어서 시 짓기라고 한다면, 건축예술과 회화예술 그리고 음악예술은 시^{poesie}로 환원되어야 한다." 이 말은 모든 예술 작품에는 시^{poesie}가 존재해야 한다는 의미일 텐데, 하이데거에 의하면 현실이 은폐한 존재의 진리를 드러내는 장場이 곧 '시 짓기'이기 때문이다. 하지만 하이데거는 끝내 이렇게 말한다. "그럼에도 불구하고 언어예술 작품은—즉 좁은 의미에서의 시 짓기는— 모든 예술 가운데서 어떤 탁월한 위치를 차지하다." "언어가 존재의 집"이라는 하이데거의 사상을 염두에 둔다면 충분히 가능한 결론이다. 우리는 어디까지나 언어로 사고하고 언어를 통해 표현하며, 그 언어로 세계를 이루기 때문이다.

태초에 바람 가득한 대지가 있었다. 그리고 인간은 언어로 오두막을 지었고 그 오두막 안에서 줄곧 살아왔다. 그런데 언제부터인가 오두막 안에는 햇볕과 대지에서 부는 바람 대신 기계의 언어가 들어차기 시작했으며, 햇볕과 대지의 바람을 통해 진화해왔던 인간은 이제 자신이 만든 기계가 생산하는 기호들로 사고하고 표현하며, 다시 다른 기계의 세계를 만들어가고 있다. 만일 이 또한 지독하게도 인간적인 세계의 모습이라면 우리는 이참에 '인간' 자체를 사유의 법정에 세우는 모험도 필요할 것이다. 무엇보다 중요한 것은, 지금 우리의 언어가 매우 위태로우며 이 글에서 지적했던 현상이 점점 더 지배적으로 자리 잡게 될 것이라는 점이다. 인간의 언어는 언제나 대지에서 시작되어야 한다. 그것은 육체적인 생활 속에서 언어가 태어난다는 말과 크게 다르지 않은데, 현실은 정반대로, 프랭클린 포어에 기대 말하면, "우리 사회는 이제 예술과 사상이 알고리즘에 의해 좌우되는 시대로 진입을 앞두고 있다"는 것이다.

'시적 언어'라는 것은 테크놀로지의 꽁무니를 따라다니는 것을 거부하는 언어다. 일반화되고 납작해진 언어를 벗어던진 언어이고, 상투적인 유행어를 신경질적으로 배격하는 언어이다. 그것은 정파적 입장이나 정치 이념의 언어가 아니라 구체적인 사물을 각자의 몸에 새긴 언어이며, 그래서 시야를 뿌옇게 가리는 미디어의 언어를 걷어내고 삶의 심장이 펄떡대는 소리에 귀 기울이는 언어이다.

언어 전쟁

언어 전쟁

초판 1쇄 발행 • 2020년 10월 27일

지은이 • 정형철, 박권일, 고영직, 엄문희, 김동현, 이태광, 전성태, 정은균, 황규관
펴낸이 • 황규관

펴낸곳 • (주)삶창
출판등록 • 2010년 11월 30일 제2010-000168호
주소 • 04149 서울시 마포구 대흥로 84-6, 302호
전화 • 02-848-3097
팩스 • 02-848-3094

ⓒ 고영직 외 8인, 2020
ISBN 978-89-6655-127-9 03300